短视频自媒体运营从入门到精通

泽 少 ◎ 编著

清华大学出版社
北 京

内容简介

本书对短视频自媒体的运营技巧进行全面的介绍，从短视频的宏观定位到精准定位，从初期作品到爆款打造，从视频拍摄到后期剪辑，从文案标题到内容编写，从引流涨粉到留存转化，从平台推广到直播变现等，帮助读者掌握短视频自媒体的全方位运作方法，打造"10万+""100万+"的爆款视频。

本书适合从事短视频、自媒体等行业的运营者、创业者阅读，还可用作相关培训机构的参考书。此外，书中的运营、带货、引流与变现技巧，对于希望通过自媒体拓宽自身营销渠道的企业人员也具有一定的参考价值。

本书封面贴有清华大学出版社防伪标签，无标签者不得销售。
版权所有，侵权必究。举报：010-62782989，beiqinquan@tup.tsinghua.edu.cn。

图书在版编目(CIP)数据

短视频自媒体运营从入门到精通 / 泽少编著．—北京：清华大学出版社，2022.1 (2024.7重印)
ISBN 978-7-302-58955-6

Ⅰ.①短… Ⅱ.①泽… Ⅲ.①网络营销 Ⅳ.①F713.365.2

中国版本图书馆CIP数据核字(2021)第173721号

责任编辑：李　磊
封面设计：杨　曦
责任校对：马遥遥
责任印制：刘　菲

出版发行：清华大学出版社
网　　址：https://www.tup.com.cn, https://www.wqxuetang.com
地　　址：北京清华大学学研大厦A座　　邮　编：100084
社 总 机：010-83470000　　邮　购：010-62786544
投稿与读者服务：010-62776969, c-service@tup.tsinghua.edu.cn
质 量 反 馈：010-62772015, zhiliang@tup.tsinghua.edu.cn
印 装 者：三河市君旺印务有限公司
经　　销：全国新华书店
开　　本：170mm×240mm　　印　张：14.5　　字　数：318千字
版　　次：2022年1月第1版　　印　次：2024年7月第4次印刷
定　　价：88.00元

产品编号：090579-01

前言

PREFACE

写作驱动

我国的短视频自媒体产业起源于 2014 年，彼时它还处于缓慢增长的状态。随着 2015 年行业内的不断孵化，短视频自媒体于 2016 年出现井喷式增长。经过近几年的巩固和发展，我国短视频平台格局已经形成，"抖音"和"快手"成为短视频领域的领头羊。5G 网络的发展和千元 5G 手机的普及，给短视频发展提供了充足的动力，同时也为短视频自媒体的发展提供了机遇，使其迎来又一波激增趋势，短视频行业也成为投资热地。

如今，短视频自媒体创业已成为一大趋势，只要有好的内容、有制作出优质视频的决心与毅力，那么你将会在短视频领域实现自己的价值。

笔者为抖音、快手、头条、微博、图虫官方认证创作者，在短视频创作与运营方面具有较丰富的经验，经过深思熟虑后，决定将自己多年的经验总结成书，希望能够为想要从事短视频自媒体工作的朋友提供一些参考。

特色亮点

梳理脉络，完整呈现

本书从短视频自媒体的基本概念、宏观定位、精准定位、文案运营、爆品营销等方面剖析了当下多个短视频平台，帮助短视频创作者全面优化制作与运营技巧。

内容丰富，语言平实

书中涵盖了短视频平台运营、文案打造、营销、引流和变现等多个环节，笔者运用深入浅出的手法，将专业名词进行了简单化处理，使全书内容通俗易懂。

剖析案例，操作性强

本书在讲解运营、引流和变现方法等理论知识时，都附有具体的操作步骤，并加入大量实践案例，便于读者学习和理解。

本书内容

本书内容由浅入深,以理论结合案例,通俗易懂。书中的内容结构主要包括四个部分,具体如下。

第一部分(第1章)是对短视频自媒体的概述。这部分介绍了自媒体的基本概念,对自媒体运营者的素质、心理准备进行了分析,并给出了中肯的意见。

第二部分(第2~5章)介绍了短视频自媒体的运营方法。这部分内容从短视频自媒体定位(宏观定位)、短视频账号定位(精准定位)、文案编写、文案运营,以及爆品营销等角度出发,介绍了诸多实用的短视频运营技巧。

第三部分(第6、7章)详细讲解了视频拍剪的方法。短视频的核心是内容,而打造优质的内容需要高超的视频拍摄和剪辑技巧。这部分内容介绍了一些常用的视频拍摄和剪辑的技巧。

第四部分(第8~12章)讲述了如何将短视频引流和变现。引流和变现是短视频运营者的终极目的,本部分从热门视频引流、广告引流、直播引流、广告变现、电商变现等方面,为广大运营者介绍了行之有效的短视频引流及变现技巧。

本书附赠短视频、Vlog、抖音、剪映学习资源,请扫描右侧二维码,然后将内容推送到自己的邮箱中,即可下载获取相应的资源。

学习资源

关于作者

本书由泽少编著,参与编写的人员还有严不语等人,在此表示感谢。由于作者水平有限,书中难免存在不足之处,恳请广大读者批评、指正。

编 者
2021.8

目录
CONTENTS

第1章 基本概念，快速入门 ··· 1

1.1 了解自媒体 ·· 2
    1.1.1 自媒体的概念 ·· 2
    1.1.2 自媒体的"钱景" ·· 3
    1.1.3 自媒体的特点 ·· 4
    1.1.4 短视频自媒体的应用 ··· 6
1.2 做好心理准备 ·· 7
    1.2.1 专注精神 ·· 8
    1.2.2 坚持精神 ·· 9
    1.2.3 学习精神 ·· 10
1.3 做好操作准备 ·· 13
    1.3.1 选择可靠平台 ·· 13
    1.3.2 掌握大量人脉 ·· 14
    1.3.3 自我推广 ·· 15
1.4 自媒体黄金准则 ··· 15
    1.4.1 正能量 ··· 15
    1.4.2 乐于分享 ·· 16
    1.4.3 严格细致 ·· 17
    1.4.4 讨粉丝喜欢 ··· 18
1.5 自媒体运营误区 ··· 19
    1.5.1 常见误区分析 ·· 19
    1.5.2 常见内容误区 ·· 19
    1.5.3 巧妙避开误区 ·· 20

第 2 章　宏观定位，不再迷茫 ... 21

- 2.1 快速了解定位 ... 22
  - 2.1.1 定位目的 ... 22
  - 2.1.2 自我定位 ... 23
  - 2.1.3 用户定位 ... 25
  - 2.1.4 方向定位 ... 26
  - 2.1.5 内容定位 ... 27
  - 2.1.6 产品定位 ... 28
  - 2.1.7 名称定位 ... 30
  - 2.1.8 目标定位 ... 32
  - 2.1.9 模式定位 ... 32
- 2.2 打造自媒体风格 ... 33
  - 2.2.1 自媒体风格定位 ... 33
  - 2.2.2 打造醒目招牌 ... 35
  - 2.2.3 营造自媒体品牌 ... 36
- 2.3 自媒体人如何成为自明星 ... 37
  - 2.3.1 互联网意识 ... 37
  - 2.3.2 团队合作意识 ... 38
  - 2.3.3 品牌打造意识 ... 39
- 2.4 科学运作自明星 ... 40
  - 2.4.1 定向引爆策略 ... 40
  - 2.4.2 传播要素运用 ... 40
  - 2.4.3 利用用户情绪 ... 41

第 3 章　精准定位，轻松运营 ... 43

- 3.1 选择行业 ... 44
  - 3.1.1 自我定位 ... 44
  - 3.1.2 行业定位 ... 45
  - 3.1.3 了解详情 ... 46
- 3.2 运营技巧 ... 47
  - 3.2.1 垂直度 ... 47
  - 3.2.2 活跃度 ... 48

目录

　　3.2.3　健康度 48
　　3.2.4　互动度 49
3.3　确定内容 49
　　3.3.1　微博平台 49
　　3.3.2　百度平台 50
　　3.3.3　知乎平台 53
　　3.3.4　音频平台 57
　　3.3.5　原创内容 58
3.4　运营注意事项 59
　　3.4.1　遵守平台规则 59
　　3.4.2　不要删除作品 60
　　3.4.3　选择发布时间 60
　　3.4.4　注重团队力量 61
　　3.4.5　分析相关数据 62
　　3.4.6　避开各种陷阱 63

第 4 章　文案运营，必学之技　　66

4.1　拟写吸睛标题 67
　　4.1.1　标题制作要点 67
　　4.1.2　标题文案写作 68
　　4.1.3　常见标题类型 70
4.2　内容表达效果 76
　　4.2.1　把握表达方式 76
　　4.2.2　加强个性表达 80
　　4.2.3　内容精准定位 80
　　4.2.4　评论文案技巧 81
　　4.2.5　文案打造禁区 82

第 5 章　爆品营销，带货王子　　86

5.1　爆品的制造 87
　　5.1.1　制造爆品的关键点 87
　　5.1.2　提供良好的消费体验 90

5.2 占领目标市场 ... 91
　5.2.1 做好产品定位 ... 92
　5.2.2 细分找切入点 ... 93
　5.2.3 抓住长尾市场 ... 93
　5.2.4 对比突出优势 ... 94
　5.2.5 赋予精神力量 ... 95
5.3 借助营销引爆销量 ... 96
　5.3.1 活动营销 ... 97
　5.3.2 饥饿营销 ... 97
　5.3.3 口碑营销 ... 98

第 6 章 视频拍摄，并非难事 ... 101

6.1 拍摄前准备 ... 102
　6.1.1 风格定位 ... 102
　6.1.2 了解算法 ... 103
　6.1.3 策划剧本 ... 104
　6.1.4 选择演员 ... 104
　6.1.5 场地选址 ... 105
6.2 采购设备 ... 106
　6.2.1 拍摄设备 ... 106
　6.2.2 录音设备 ... 107
　6.2.3 灯光设备 ... 109
　6.2.4 辅助设备 ... 110
6.3 拍摄对象 ... 112
　6.3.1 人物拍摄 ... 112
　6.3.2 动物拍摄 ... 113
　6.3.3 风光拍摄 ... 114
　6.3.4 城市拍摄 ... 114

第 7 章 视频剪辑，简单上手 ... 115

7.1 基本剪辑手法 ... 116
　7.1.1 短视频剪辑处理 ... 116
　7.1.2 使用滤镜增添氛围 ... 119

7.2 更多剪辑操作 ………………………………………… 122
　　7.2.1　添加动画效果 …………………………………… 123
　　7.2.2　"灵魂出窍"特效 ………………………………… 125
　　7.2.3　"逆世界"特效 …………………………………… 127

第 8 章　热门视频，一学就成　　129

8.1 热门视频的基本要求 ………………………………… 130
　　8.1.1　个人原创内容 …………………………………… 130
　　8.1.2　视频内容完整 …………………………………… 131
　　8.1.3　没有产品水印 …………………………………… 131
　　8.1.4　高质量的内容 …………………………………… 132
8.2 不可错过的热门技巧 ………………………………… 132
　　8.2.1　题材内容新颖 …………………………………… 133
　　8.2.2　发现美好生活 …………………………………… 133
　　8.2.3　内容积极乐观 …………………………………… 134
　　8.2.4　紧抓官方热点 …………………………………… 136
8.3 值得研究的热门内容 ………………………………… 137
　　8.3.1　高颜值 ……………………………………………… 137
　　8.3.2　幽默搞笑段子 …………………………………… 138
　　8.3.3　自身才艺展示 …………………………………… 138
　　8.3.4　反差创造新意 …………………………………… 140
　　8.3.5　"五毛钱"特效 …………………………………… 141
　　8.3.6　旅游所见美景 …………………………………… 142
　　8.3.7　爱演的"戏精" …………………………………… 143
　　8.3.8　技能传授视频 …………………………………… 144

第 9 章　推广技巧，准确易达　　146

9.1 曝光触达 ………………………………………………… 147
　　9.1.1　TopView 超级首位 ……………………………… 147
　　9.1.2　开屏广告 ………………………………………… 148
　　9.1.3　信息流体系 ……………………………………… 149
　　9.1.4　固定位持续曝光 ………………………………… 149

9.2 内容营销 ··· 150
　　9.2.1 话题挑战赛 ··· 150
　　9.2.2 原创音乐 ·· 151
　　9.2.3 LINK 触达目标人群 ·· 152
9.3 互动引导 ··· 152
　　9.3.1 创意贴纸 ·· 152
　　9.3.2 挂件 ·· 154
　　9.3.3 扫一扫 ··· 155
9.4 添加创意信息 ··· 156
　　9.4.1 查看详情 ·· 156
　　9.4.2 下载直达 ·· 158
　　9.4.3 磁贴显示 ·· 158
　　9.4.4 贴纸展示 ·· 159
　　9.4.5 电话拨打 ·· 160

第 10 章　视频吸粉，引发围观　161

10.1 基本的引流技巧 ·· 162
　　10.1.1 积极添加话题 ··· 162
　　10.1.2 定期发送内容 ··· 163
　　10.1.3 发布原创视频 ··· 163
　　10.1.4 吸引受众目光 ··· 164
10.2 爆发式引流方法 ·· 164
　　10.2.1 硬广告引流法 ··· 164
　　10.2.2 评论区引流 ·· 165
　　10.2.3 矩阵引流 ·· 166
　　10.2.4 利用热搜引流 ··· 167
　　10.2.5 跨平台引流 ·· 167
　　10.2.6 线上引流 ·· 168
　　10.2.7 线下引流 ·· 170
　　10.2.8 转载视频引流 ··· 170
10.3 引流新工具 ·· 171
　　10.3.1 主动加人引流 ··· 171
　　10.3.2 同城附近位置引流 ··· 171
　　10.3.3 互动工具引流 ··· 172

第 11 章　直播引流，打造网红 … 175

- 11.1 抖音直播引流 … 176
  - 11.1.1 开通直播的方法 … 176
  - 11.1.2 抖音直播的入口 … 177
  - 11.1.3 打造直播室 … 180
  - 11.1.4 直播吸粉引流技巧 … 181
  - 11.1.5 直播互动玩法 … 184
- 11.2 其他直播平台引流 … 185
  - 11.2.1 淘宝直播引流 … 185
  - 11.2.2 头条直播引流 … 187
  - 11.2.3 快手直播引流 … 190
- 11.3 直播预告增加热度 … 192
  - 11.3.1 社交平台 … 192
  - 11.3.2 知乎 … 193
- 11.4 粉丝运营：打造私域流量 … 194
  - 11.4.1 粉丝汇聚：打造私域流量池 … 194
  - 11.4.2 粉丝转化：将用户转化为粉丝 … 194
  - 11.4.3 粉丝沉淀：粉丝的可持续变现 … 195
- 11.5 警惕直播雷区 … 195
  - 11.5.1 噱头营销 … 195
  - 11.5.2 三观不正 … 196
  - 11.5.3 内容雷同 … 196

第 12 章　变现技巧，多多益善 … 198

- 12.1 广告快速变现 … 199
  - 12.1.1 贴片广告 … 199
  - 12.1.2 植入广告 … 200
  - 12.1.3 品牌广告 … 201
  - 12.1.4 浮窗 Logo … 202
  - 12.1.5 冠名商广告 … 203
  - 12.1.6 广告合作的主要角色 … 204
- 12.2 知识付费变现 … 205
  - 12.2.1 专业咨询 … 206

　　12.2.2　在线课程·· 207
12.3　其他获利模式·· 209
　　12.3.1　企业融资·· 209
　　12.3.2　MCN 运营变现·· 210
　　12.3.3　出版图书变现··· 210
　　12.3.4　利用平台规则变现···································· 211
12.4　电商变现·· 214
　　12.4.1　自营电商·· 214
　　12.4.2　第三方店铺·· 216

第 1 章
基本概念，快速入门

凡事预则立，不预则废。既然决定要将短视频自媒体作为自己的事业，那么它就和其他工作一样，需要我们认真负责地对待。

本章的重点是帮助大家了解自媒体的基本概念，做好自媒体运营的相关准备工作。

1.1 了解自媒体

自媒体是内容创业的风口，它让许多没资金、没经验、没背景的普通人找到了实现自身价值的平台。

从 2013 年至今，笔者一直摸索各类自媒体平台的运营技巧，经过长时间的努力研究，总结出一些心得体会。下面我们来简单谈一谈自媒体的相关概念及特点。

1.1.1 自媒体的概念

随着自媒体产业的不断发展壮大，让越来越多的人看到了创业的先机，也让很多普通人找到了自己的创业之路，并在短时间内实现了自我价值的飞跃。自媒体平台上涌现出了一大批网络红人，他们不但收获了大量粉丝，更重要的是通过平台获得了大量的收益。

什么是自媒体？通俗一点来说，自媒体就是个人媒体，是区别于传统媒体的一种新兴的媒介形式。也就是说，人人都可以成为媒体。自媒体的"自"有两层含义，具体说明如下：

第一，"自"代表的是人人都可以发声，可以借助互联网发表言论和观点。

第二，"自"代表着自媒体人拥有着更大的话语空间和自主权。

自媒体这个概念其实是相对于传统媒体来说的，传统媒体即我们熟悉的电视台和各种报纸杂志等，这些都属于传统媒体。相较于传统媒体，自媒体更亲民，更加具有个性化。对于普通人而言，通过自媒体能够向公众表达自己的观点，更容易得到大家的认可和关注，甚至得到原本无法想象的收入和实现无法企及的梦想。这些优势吸引了一波又一波的自媒体人，并且为之奋斗。

如果说传统媒体是一个高冷的"白富美"，那么自媒体就是一个温柔可人的邻家小妹。它没有传统媒体的高门槛、高标准和权威性等特点，取而代之的是一种大众化、平民化和个性化的全新面貌。说得再简单通俗一点，我们平时在今日头条上看到的文章和视频、朋友圈看到的别人转发的文章、快手上看到的视频或直播、喜马拉雅上听到的音频节目等，都是由自媒体人创作出来的。这里提到的今日头条、快手和喜马拉雅，就是自媒体平台。

那么，什么样的人适合做自媒体工作呢？或许在大众的印象中，只有长得很帅、很漂亮，口才特别好，文笔特别好的人才能做自媒体。但事实并非如此，自媒体的特点是大众化和个性化，只要你有某方面的特长或兴趣爱好，便可以以自己的爱好为出发点，利用自媒体平台来展现才华，甚至仅仅是会聊天，也能成为自媒体人。

可能有人会问："你说的这些能力我都没有，可是我就是想从事自媒体行业，可以吗？"对这个问题的回答是肯定的。以笔者所见，自媒体行业里有老板、医生、厨师、老师、情感导师、发型师和宠物店老板等，他们来自各行各业，从事着自己的本职工作，但他们依然努力在自媒体平台上分享心得和经验，吸引众多粉丝，还能赚取平台的广告收益分成。

1.1.2 自媒体的"钱景"

自媒体怎么赚钱，钱从哪儿来？

想了解这个问题的答案，首先应明确几个概念，即广告主、平台、创作者和用户。

(1) **广告主**：指花钱在自媒体平台上投放广告的商家(如今日头条发布的文章下面通常附有广告)。

(2) **平台**：指的就是自媒体平台。后面我们主要以抖音、快手和B站等短视频自媒体平台为讲解和分析的对象。

(3) **创作者**：指的是在平台上写文章和发视频的作者，也称为自媒体人。

(4) **用户**：指接受平台服务的人，如用今日头条看文章、在抖音上看视频的人。

那么这些人之间存在着怎样的联系呢？

首先商家为了宣传自己的品牌或者产品，会在平台上投放付费广告。而广告是借助创作者的内容来展现，比如把广告放在文章或视频的末尾。在这个过程中，平台会把一部分的广告费分给创作者，鼓励创作者多创作一些优质的内容来吸引用户。广告主、平台和创作者三方的关系，如图1-1所示。

图1-1 三方的关系

了解了广告主、平台和创作者三者的关系后，大家也就明白了自媒体究竟是怎么赚钱的，这个钱到底是从哪儿来的了。

自媒体从业者赚钱的主要方法是平台广告分成，它是自媒体人最重要的一种赚取收益的方式，也是最简单直接的方法。当然，除此之外，还有其他方法，具体如下。

软文广告：也就是发布软文。

内容电商：通过在文章或视频中插入商品宣传，用户购买商品之后，平台会分配一定比例的佣金。

引流变现：通过自媒体平台将用户引流到商品销售界面，然后销售产品和服务。

打造个人IP品牌：利用自媒体输出价值，形成个人品牌，提高知名度，吸引粉丝。

上述为自媒体常用的几种变现方式，个人可根据自身实际情况进行选择。对于自媒体新人而言，可以先将赚取平台广告收益作为切入点。

1.1.3 自媒体的特点

自媒体平台专指发布运营者所见所闻的载体。这种纯个人独立操作的媒体，只需注册一个账户，发布的内容、时间和长度都可以由自己决定。

自媒体人要想了解自媒体平台，还得明确它与其他平台的区别。自媒体平台的特点主要表现在 5 个方面，如图 1-2 所示。

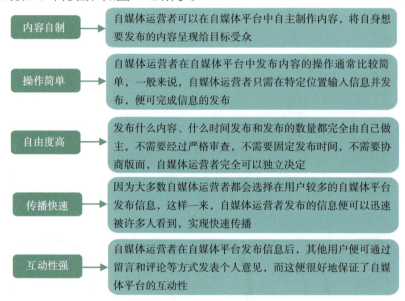

图 1-2 自媒体平台的特点

任何事情都有两面性，自媒体平台的优点是由它的特点决定的，同样，自媒体平台的缺点也是由它的特点决定的。

1. 自媒体的优势

自媒体作为大家讨论的热门话题，变得越来越大众化，那么自媒体行业究竟有哪些优势呢？下面为大家进行具体分析。

（1）曝光量大。一个自媒体人通过自媒体平台的曝光，一下子就可能拥有几万、甚至几十万的粉丝，比如大家熟知的"口红一哥"李佳琦，他通过直播带货出现在大众视野中，从一个柜台彩妆师变成了网络主播。李佳琦在淘宝、抖音、微博和美拍等各大平台获得了大量粉丝，现在他的抖音账号已拥有 4000 多万粉丝，这就是自媒体曝光量大的体现，如图 1-3 所示。

第1章 基本概念，快速入门

图1-3　李佳琦的抖音账号及视频

(2) 能够盈利。一旦自媒体人受到大众的关注，就会有企业来寻求合作，而自媒体人可以通过给企业发广告软文或推销产品的方式来获利，也可以通过自身影响力进行粉丝商业变现。自媒体能够获得高盈利的特点是很多人心向往之的原因。

(3) 打造个人IP。个人IP，即个人品牌。个人IP的打造不是简单发表一些图文或者动态就能形成的，它需要自媒体人拥有了一定的知名度。其原因很简单，个人IP必须是要有粉丝量或有影响力的自媒体才可以打造的。例如，知名视频博主papi酱，她在个人作品得到广泛关注后，开始着手打造个人IP，现在papi酱的微博粉丝已高达3000多万，如图1-4所示。

图1-4　papi酱的微博

5

(4) 权重特别高。权重是通过各个平台的平台指数反映的，如原创度、健康度及与粉丝的互动程度，当这些指数都提高了以后，权重就会越来越高。通常自媒体平台发布的文章比较完整，无论是通过标题，还是内容增加吸引力，都有更多的机会被用户关注。

2. 自媒体的劣势

相较于优势的直观性，自媒体的劣势更为隐性，甚至是以一种漏洞的形式存在。从自媒体平台的特点看它的劣势，如图 1-5 所示。

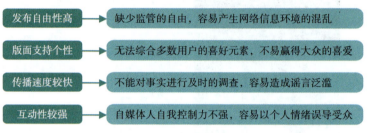

图 1-5　自媒体平台的劣势

自媒体平台的其他劣势主要表现在运营者的能力上，比如账号管控技术能力、吸粉能力和文章原创能力等，如图 1-6 所示。

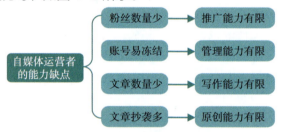

图 1-6　自媒体运营者的能力缺点

自媒体平台虽然高度的自由自主，但从另一方面看，自媒体运营者是在孤军奋战，如果不能做到全方面技能的精通，那么运营者将常常面临捉襟见肘的情况。一个人的智慧总是比不上群策群力的集体智慧，个人自媒体向团队自媒体升级是解决该问题的捷径。

总而言之，好的方面总是和坏的方面相伴存在，自媒体人在经营时应当发展优势，扳回劣势。

1.1.4　短视频自媒体的应用

相比文字和图片，视频在表达上更为直观，而随着 5G 技术的发展和 WiFi6 的推广，流量因素的阻碍越来越少，这使短视频自媒体成为时下最热门的领域。借助这股东风，快手、抖音和美拍等短视频平台取得了飞速发展。

第1章 基本概念，快速入门

　　随着短视频平台的发展，短视频营销也随之兴起，并成为广大企业进行网络社交营销常采用的一种方法。短视频运营者可以借助视频营销近距离接触自己的目标群体，将这些目标群体开发为自己的客户。对网络营销而言，短视频背后庞大的观看群体就是潜在用户群，而如何将这些潜在用户转化为用户才是短视频营销的关键。对于短视频自媒体运营者来说，最简单有效的营销方式，便是在短视频中植入自己的产品或品牌。

　　短视频推广是指企业以短视频的形式宣传推广各种产品和活动等内容，因此短视频运营者不仅要有高水平的视频制作技术，而且其短视频内容还要有吸引人关注的亮点。常见的短视频推广内容包括短视频带货、短视频种草和短视频测评等。图1-7为某短视频运营者的视频画面，该视频看似是站在受众的角度推荐一些好吃的方便面，实际上却是为某品牌的方便面做推广。事实证明，这样做比直接打广告更容易被观众接受。

图1-7　推广某品牌方便面的视频画面

　　如今的短视频营销主要往互联网方向发展，与传统电视广告和互联网视频营销相比，它在感染力、表现形式、内容创新等方面更具优势，其受众更加具有参与性。互联网短视频营销的传播链，通过用户自发观看、分享和传播，使得企业推广产生了"自来水式"的传播效果。

1.2　做好心理准备

　　决定经营一个自媒体，可能只是因为一瞬间的冲动，但如果想长期做好，希望自己能成长为成功的自媒体人,摆正态度和做好心理准备是尤为重要的第一步。本节主要向读者介绍经营自媒体所需的专注、坚持与学习精神。

1.2.1 专注精神

随着自媒体产业的迅速发展,由用户转化为经营者的人不计其数,但真正做得好的却少之又少。除去能力有限不说,这里面很大一部分原因,就是这些经营者杂念太多,不够专注。专注精神对于自媒体运营是很重要的,因为自媒体运营者是否拥有专注精神,直接决定了他能否找准自己的定位、能否写出优质的内容,以及能否获得粉丝的认同。

图 1-8 为著名抖音达人"黑脸 V",这个抖音号运营多年,至今仍然能保持每个视频 10 万 + 的点赞量,除了该账号本身的内容优质和运营方式良好以外,短视频运营者的坚持也是很重要的一点。

图 1-8 "黑脸 V"抖音号

通常自媒体运营者对自己的账号不够专注有以下 3 个方面的原因。

(1) 运营者并没有想要在自媒体行业有一番作为,纯粹是来凑个热闹,这是态度问题。

(2) 运营者的意志力不坚定,总想着借鉴他人,看别人的内容做得好就跟风,完全不考虑自己的定位和特长,这是能力问题。

(3) 运营者对其他工作投入太多,分不出精力来管理自己的账号,这是时间问题。

第 1 章 基本概念，快速入门

专家提醒

专注能解决一些能力上的不足，自媒体运营者要选好定位，做自己擅长的事，不要总是跟别人比较。瞻前顾后和左右摇摆会毁掉自己的事业，把力道都集中在一个点上，就会有水滴石穿的效果。专注时间越长，积累的经验和感情会在粉丝心中转化成高的认可度。

▶ 1.2.2 坚持精神

坚持是专注的外在行为表现。做过自媒体的人可能都有体会，坚持做自媒体和坚持做好自媒体是一件比盖百层高楼还要难的事。更形象一点说，坚持做自媒体有如修长城一样，比的不是建成的速度，而是宽度和坚持。下面笔者对坚持做自媒体的 4 大难题进行分析，如图 1-9 所示。

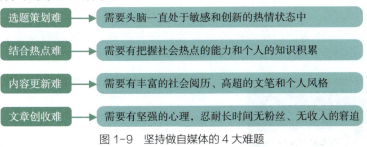

图 1-9　坚持做自媒体的 4 大难题

专家提醒

坚持有内外之分，内在的坚持是对做自媒体事业的理念、定位和宗旨的坚持，外在的坚持是对做自媒体事业的经营方向、经营模式和经营平台的坚持。

从根本上来说，只要内在的理念方针和定位宗旨不变，就可以说已经做到了坚持，顺应时势和满足粉丝需求，做出有方向性、选择性和灵活性的改变，是为了将自媒体事业更长久有效地坚持下去。

坚持做自媒体遇到的难题，还包括社会导向和行业竞争等。比如，在微博和微信这种发布信息更简单、阅读更方便的平台竞争中，博客惨败，用户量萎缩严重，那么在这个平台下的个人再如何坚持也无法提高浏览量。

做自媒体运营需要自媒体人的坚持，但是坚持是要有方向性、选择性和灵活性的，坚持对了才叫坚持，错了只能叫顽固。自媒体人在坚持的同时，还需要做到以下3点。

(1) 要紧跟行业的发展趋势，自媒体人的事业才能长效可行。

(2) 要衡量各平台的利益和优势，事业才能有好的利益前景。

(3) 将平台优势整合起来，增加事业的抗风险性。

▶ 1.2.3 学习精神

作为一个自媒体人，需要非常丰富的知识和时刻高速运转的大脑，然而多数人都不是天赋异禀之人，可以轻松做到了解天下大势，把握社会百态，抓住读者需求。所以，我们需要不断学习，如技巧知识、社会知识和文化知识等，慢慢积累经验，做到厚积薄发。

1. 技巧性知识的学习

学习知识是对内在能力的补充和提升，它是一个循序渐进和融会贯通的过程，而技术性或技巧性的知识确实是可以速成的。短视频自媒体的运营之道就是先学会做形式，再学会做内容。

一般来说，粉丝浏览短视频的方式是先看外在形式，再决定要不要去了解内容，所以笔者建议自媒体人应当先阅读一些专业技巧类的书籍，如图1-10所示。

图1-10 技巧类书籍

2. 社会知识的学习

在自媒体的运营中，不论运营者的定位多么专业，都一定要关注社会时事。唯有把握社会热点，才能准确掌握粉丝的痛点，思考粉丝的需求，为粉丝的需要发出呼吁。学习社会知识最好的途径，就是阅读新闻网页中的各类社会新闻和消息，如图1-11所示。

图1-11　社会新闻网页

3. 文化知识的学习

在自媒体运营中，心态和形式是前提，但内容才是王道。做好自媒体内容，需要自媒体人有较强的文化基础，并且不断地深化学习、推陈出新，这样自己运营的自媒体在粉丝心中才会增色。反之，缺少文化积淀的自媒体内容，不论形式做得多好，都会给人一种金玉其外的感觉。所以，笔者建议自媒体人多读书，多积累文化知识，比如主攻经济领域的短视频自媒体人可以多阅读经济类书籍，如图1-12所示。

图1-12　经济类书籍

4. 相同领域知识的学习借鉴

经营自媒体需要有明确的定位，切忌大而泛，杂而不精。尽管学习知识最好尽可能全面，但也要注意把自身擅长的领域的知识作为一个特区，重点关注、不断提升，还要多向他人学习借鉴。比如，B站就会将不同类型的视频分区，如果是数码领域的自媒体运营者，只要点击其中的"数码"按钮，就会进入数码区，自媒体人可以在数码区观摩和借鉴，如图1-13所示。

图1-13　B站视频分区

5. 兴趣爱好类知识的学习

在自媒体的内容定位上，基本上是由经营者的兴趣决定的，比如喜欢摄影的人会在其自媒体上发布摄影图片，或者介绍一些摄影技巧；喜欢音乐的自媒体人推荐音乐专辑；喜欢电影的自媒体人解读热门电影……有明确兴趣爱好的自媒体人在经营账号时，其定位也会特别明显。笔者在这里推荐一本能够提高摄影技术与兴趣的书籍，如图1-14所示。

图1-14　兴趣爱好类书籍

> **专家提醒**
>
> 对于自媒体人来说,需要每天不间断地学习,一是为了自己所热爱的自媒体事业;二是从某个角度来说,自媒体人相当于粉丝的人生导师,一言一行都可能给粉丝带来深刻的影响,所以自媒体人的学习不只是为了自己的兴趣,还要为支持自己的粉丝们负责。

1.3 做好操作准备

运营自媒体的前提是做好操作准备,包括平台、人脉和推广的准备,这些基本操作准备决定了自媒体今后的长效发展。在人人都可以运营自媒体的时代,重要的不仅是热情,还要做好筹划。自媒体人可以结合自身的优势条件,做好打一场硬仗的准备。

1.3.1 选择可靠平台

这是一个个性化和多元化的社会,自媒体世界也是如此,现在几乎每个人都是自媒体用户,任何一个大型自媒体平台的使用者都是以"亿"为单位来衡量。因此,运营自媒体不应只局限于一个平台,而是要多向发展,每个平台都可以申请一个账号。自媒体经营者可以在主要平台上把内容做好,然后可以借助辅助平台拓展传播渠道,这样既不浪费精力,还能网罗更多粉丝。下面笔者对部分自媒体平台进行简单介绍,如图1-15所示。

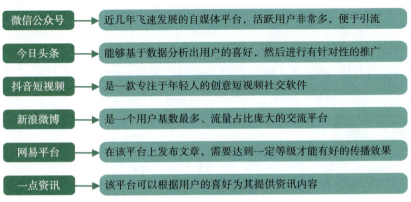

图1-15 不同的自媒体平台

1.3.2 掌握大量人脉

人脉是资源、是朋友、是导师、是方向，同时也是途径。人脉可以为我们提供很多必要的帮助，这样的道理在任何一个行业都是适用的，在商业化的自媒体运营中更是如此。

自媒体人在找到自身的定位后，兴趣相投和志向相同的业内小伙伴就会自觉聚拢在一起，这些站在同一高度的朋友可以成为彼此的人脉。下面以图解的方式对发展圈内好友人脉的好处进行分析，如图1-16所示。

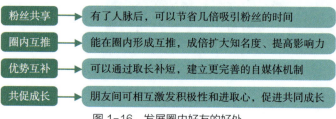

图1-16　发展圈内好友的好处

自媒体人要多向业内的成功人士请教和学习，要学会站在巨人的肩膀上看问题和解决问题，这样经营自媒体才会达到事半功倍的效果。对于自媒体新手而言，有一个自媒体明星朋友是很有激励性作用的。下面用图解的方式对发展圈内明星人脉的好处进行分析，如图1-17所示。

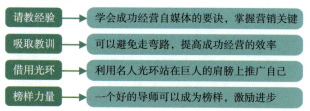

图1-17　发展圈内明星人脉的好处

俗话说："朋友多了路好走。"而人脉多了渠道自然也就多了。自媒体人如何有效地找到圈内朋友和导师，并建立人脉呢？主要有两种方法：第一，搜索类型相同的自媒体账号，与对方多沟通，形成良好的关系；第二，搜索圈内"红人"的账号，多点赞和评论对方，以建立联系，最好能够形成彼此欣赏的状态。

> **专家提醒**
>
> 不论是圈内好友还是圈内明星，一定要有某一方面是值得我们去学习的。自媒体人需要广泛发展人脉，并以谦虚的态度向前辈学习，将人脉的价值发挥到最大效益。

1.3.3 自我推广

推广是自媒体运营的核心要素之一,也是自媒体运营中所有操作准备的攻坚阶段。推广就像是一个水瓶的瓶盖,之前的平台积累和人脉积累都是这个水瓶里的水,推广做得不好,瓶盖打不开,里面的水就倒不出来,一切准备全都成了无用功。下面以图解的方式对自媒体推广的重要性进行分析,如图1-18所示。

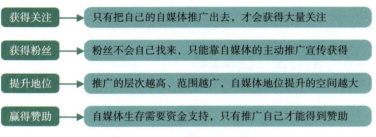

图1-18 自媒体推广的重要性

初级自媒体人在推广时切忌急功近利,不要一开始就想着能拉多少赞助,商业合作性质的推广需要等到账号运营成熟和有一定知名度和影响力之后才能考虑的。此外,不论是初级自媒体人,还是高级自媒体人,原始资本都是粉丝。因此,初级自媒体人推广的目的就要锁定在粉丝上,其获得粉丝的推广方法有如下两种。

(1) **自己推广**:自己在多个平台做宣传,主动请求别人相互关注。
(2) **他人推广**:请朋友帮忙做推广,或者请名人为自己做宣传。

1.4 自媒体黄金准则

自媒体的经营不设门槛、不设界限,只要有想法都可以进来凑个热闹,但也正是因为这个原因,自媒体行业鱼龙混杂、良莠不齐,真正能把自媒体运营得风生水起的人并不多。运营好自媒体是需要把握几项准则的,业内人士称之为经营自媒体的黄金准则,本节将为读者详细介绍。

1.4.1 正能量

在新闻界有一句话:"人的内心都有点求异,喜欢猎奇,越是耸人听闻的内容越是能引起人的兴趣。"作为信息发布的媒介,自媒体消息和新闻消息在这一点上是一致的。

尽管新奇的新闻消息能够迅速吸引眼球、引爆舆论,但一味地危言耸听,并不是长效发展的方法。从人类的心理和性格来分析,具有精神安慰的、有励志作用的,对人的身心有正面作用的内容可能会更受欢迎。应对这种需求,舆论报道应冷静地分析问题、解决问题,让新闻具有正能量。

不论是自媒体行业,还是整个传播行业,大家坚信的一点是光明永远多于阴暗,正能量永远多于负能量。只专注轰动性新闻和博取眼球的自媒体尽管会有辉煌时期,但最终是难以长久的。

在笔者看来,运营自媒体的黄金准则之一就是做正能量的自媒体,做冷静、客观和有智慧的自媒体。

1.4.2 乐于分享

在现实中,我们总乐意和那些喜欢分享的人做朋友,因为乐于分享的人总会让人觉得特别的亲切和友爱,让人不自觉地就会选择去接近和相信他。运营自媒体也是一样的,分享是运营自媒体的黄金准则之一。乐于分享的好处主要包含如下 3 点。

(1) **有亲和力**:让人愿意靠近,并且关注你。
(2) **有真诚感**:让人愿意信任你。
(3) **有善良感**:让人愿意与你交往,并且支持你。

在运营自媒体时,生活中的分享习惯也许还不足以吸引粉丝,因此自媒体人还需要掌握一些技巧。下面为大家介绍一些使粉丝感到满意的分享技巧,如图 1-19 所示。

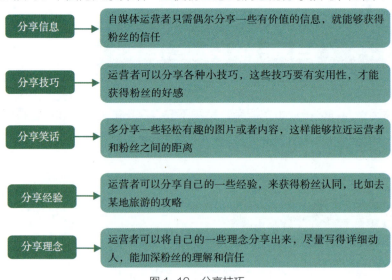

图 1-19 分享技巧

第1章 基本概念，快速入门

专家提醒

分享的直接目的就是增加自媒体的访问量，分享的内容只要有少许的价值体现，就会有人关注你并主动讨教，这是奠定粉丝基础的一条非常好的途径，并且能提高运营者在粉丝心目中的形象。

1.4.3 严格细致

某些用户会把自媒体当作一个收集负面情绪的垃圾站和心理阴暗面的发泄场，因此在自媒体上经常充斥着各种抱怨和怒骂等不和谐的信息。自媒体人的一言一行都具有公众性和影响性，发布的内容更要格外严格、细致地审核，并主动维护自媒体网络的和谐。

1. 对自己发布的内容负责

对于网络自媒体言论的管制，我国在2013年时就已将"网络造谣"一项立法处理，网络谣言转载超过500次按诽谤论处。对于自媒体人来说，严格细致就是对自己所发布内容的每一个字负责，如图1-20所示。

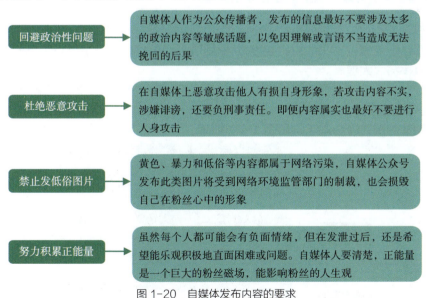

图1-20 自媒体发布内容的要求

> **专家提醒**
>
> 自媒体人的一言一行都有可能给粉丝们带来影响；从另一个角度来说，每个自媒体人都是网络环境的一分子，对净化网络环境负有责任。因此，自媒体人不管是和粉丝私聊，还是发布文章和短视频，严谨细致一点总归是没坏处的。

2. 需要注意的事项

若把自媒体比作江湖，平台就是漂泊在江湖上的一叶扁舟，江湖多风波，摆渡的自媒体人除了要有小心驶得万年船的严谨态度，还要有规避风险的意识。自媒体人有以下 3 个注意事项。

(1) 需要了解自媒体行业的相关法律法规，避免言行失当，否则就可能会前功尽弃，前途尽毁。

(2) 需要管理好自己的情绪，避免发布情绪性、粗俗的语言，被人认为素质低下，因为形象一旦损毁，是难以挽回的。

(3) 重视自己的信誉，避免产生名誉上的污点，不然很容易失去粉丝的信任。

▶ 1.4.4 讨粉丝喜欢

自媒体营销可以算是服务型职业，而粉丝就是顾客，粉丝欣赏一篇文章或一个视频就会想认识作者，如果此时，自媒体人表现得亲切、热诚，则普通粉丝升级为铁杆粉丝的概率将大大提高。

自媒体营销者必须要时刻谨记，粉丝即顾客，粉丝需要自媒体运营者认可他们的存在，粉丝和自媒体人之间的感情是互相尊敬、不断发展的。自媒体人要遵循三大原则，下面以图解的形式详细说明，如图 1-21 所示。

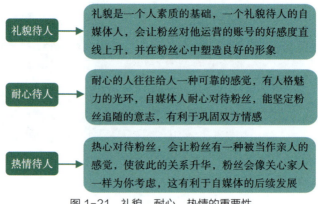

图 1-21 礼貌、耐心、热情的重要性

1.5 自媒体运营误区

如今自媒体行业非常繁荣，但是对于初入自媒体行业的新人来说，最容易迷失方向，不能够准确判断繁荣现象后的误区。某些自媒体新人只顾利益，盲目地冲进行业误区。本节笔者主要向读者介绍自媒体运营中的常见误区，希望读者能够联系自身实际情况进行比较和借鉴，找到解决问题的方法。

1.5.1 常见误区分析

自媒体运营的误区非常微妙，有的误区就存在于制胜的法门中，比如积累粉丝、植入广告、增加转载和做有自己思想特色的自媒体等，这些都是一个成功的自媒体经营者必须要做到的，但这些也同样容易使自媒体新手走入误区。运营自媒体常见的误区及应对方式如下。

（1）当陷入只有产品没有粉丝的误区时，就需要运营者多推广自己，吸引大量粉丝来关注。

（2）把自媒体内容做成广告营销号也是新手容易陷入的误区，这种情况需要经营者改变策略，用植入式广告来增加收入。

（3）认为只要文章或短视频有阅读量或观看量就够了，但其实转载量也非常重要，因为很多读者看了文章或视频并不会转载，这就无法形成扩散效应，无法吸引更多的人来观看，所以运营者需要发表新奇、有吸引力的作品，让读者自发地转载。

（4）文章或视频的内容过于主观，这会让读者产生反感。正确的做法是运营者让自己发布的内容有思想特色，以吸引观众。

1.5.2 常见内容误区

随着移动互联网时代的到来，各种营销信息也随之泛滥，太多垃圾信息混杂进来，占据大众的视线和时间。自媒体运营者要想让自己的内容引人关注，避开内容创作的误区是关键。平台内容创作需避开两大误区，具体介绍如下。

1. 无创新

运营者创作短视频的目的其实只有一个，那就是获取更多粉丝的关注，在短视频当中植入广告，也是为了借助粉丝推销产品。如果运营者发布的内容都是千篇一律的、没有新意、没有趣味、没有实用价值，用户就会失去兴趣，甚至取消关注，运营者预期的宣传效果也就无法实现。

2. 太频繁

自媒体平台推送信息的到达率是很高的，有些运营者乐此不疲地推送信息，造成轰炸之势，以为这样能博取用户的眼球。实际上，这些运营者忽略了阅读率，用户群体虽然收到了这些消息，但并不会全部点开查看。过多的信息只会让用户心烦，让他们产生逆反心理，不去翻阅，导致运营者的很多消息并没有被用户真正接受。

▷ 1.5.3 巧妙避开误区

1. 化解复杂化

自媒体运营的复杂化，其根本原因还是市场混乱，不论是企业还是个人，走入误区的原因也是基于对自媒体产生巨大流量和效益的渴望。所以，解决这一问题还要从认识自媒体入手，多学习、多交流，才不会轻易掉进行业误区之中。化解自媒体复杂情况的方法，如图 1-22 所示。

图 1-22 化解自媒体复杂情况的方法

2. 走出误区的方法

陷入误区虽然可怕，但是只要自媒体运营者对症下药找到解决的方案，就能够快速走出误区。当自媒体人掌握经验后，就如同对病毒生成了抗体一样，以后都能机敏地避开误区，如图 1-23 所示。

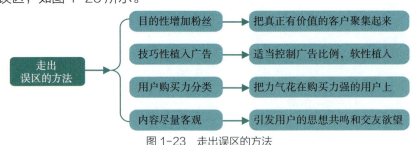

图 1-23 走出误区的方法

第 2 章
宏观定位,不再迷茫

当社会信息化进入移动智能时代,信息的发布越来越简易化、平民化和自由化,每个人都可以成为信息的传播者。

本章主要向读者介绍自媒体的定位、自媒体风格和品牌运营的方法,从而使自媒体及其运营者得到更多的关注。

2.1 快速了解定位

在做短视频自媒体运营之前，运营者应该先通过定位找准运营的方向。本节将带着读者快速了解定位的相关知识，以帮助大家做好账号的定位。

2.1.1 定位目的

许多自媒体新手在开启自己的运营之路时，看着别人的自媒体事业做得风生水起，可自己却做得一片混乱。这时他们往往会自我怀疑："好像他的内容更好，我要不要也去模仿一下？"等他们换了运营方向之后，状况依旧没有改善，反复多次，使他们陷入迷茫中。其实，会出现这种情况，很大一部分原因是自媒体新手没有对自己的事业进行详细的规划。

因此，在开始着手做视频前，自媒体运营者必须做好各方面的明确定位。

1. 理性做自己，不盲目跟风

自媒体新手如果不对自己进行定位，容易被其他人的行为所左右，变得盲目跟风和人云亦云，找不到适合自己的道路。例如，在进行领域定位时，某些自媒体新手觉得什么"火"就做什么，完全不思考这个领域是否适合自己，是否有运营这个领域的优势。在经营了一段时间后才发现并不适合，最后不得不放弃，重新再选择市面上另一个"爆款"领域。

自媒体运营者想要避免这种跟风的情况，就应该先对自己进行定位，找到适合自己的领域，并且在该领域长期坚持下去。

2. 找自身优势，谋长久发展

找出自身优势是自媒体运营者进行定位的目的之一，因为做一件事情之前如果能找出自己所具备的优势，再加以运用，那么事情推进起来就会更加顺利。

自媒体人在工作中找准自己的优势有3个好处：一是能增加自己的信心；二是会提高工作的专注度和持久度；三是进一步提升自己的工作效率。

3. 坚定信念，不轻言放弃

很多自媒体新人在刚入行时没有进行明确定位，所以运营过程中就容易出现难以专注和无法坚持的情况。其主要体现在两个方面：一是容易受到外界的干扰；二是做事情没有恒心。

自媒体运营者如果容易受到外界的干扰，那么他在运营过程中就会出现诸多问题，如做事三分钟热度、对自己没信心等，以至于后续难以坚持下去，更有甚者干脆完全

第 2 章　宏观定位，不再迷茫

放弃自媒体这份事业。

因此，自媒体运营者在开展自己的事业时进行自我定位是非常有必要的，它能够让每一个自媒体人专注于工作，不受外界干扰，能在遇到挫折时不轻言放弃。

> **专家提醒**
>
> 自媒体运营者在前期工作中会遇到各种各样的困难，如果入行时没有针对自身特点进行明确定位，那么很可能没办法在这一行坚持下去。所以，每一个跨进自媒体行业的人前期都应进行定位，这样才能在遇见困难时从容面对，跨过工作中的每一道坎，更快地迈向成功的坦途。

2.1.2　自我定位

一个人在做一件事情之前，要先想清楚自己在这件事情上要扮演的角色是什么，自己应该站在什么位置。只有找准角色和位置，才能够正确发力，从而将事情做得更加出色。自媒体运营者的自我定位也是一样的，每一个自媒体运营者在开始创业时，都要先想好自己的角色是什么，应该从哪一个位置开始。

1. 明确自身角色

一般来说，自媒体可以分为个人自媒体、团队自媒体和品牌自媒体三大类。明确自身的角色，是指自媒体运营者入行前要先确认是个人做，还是加入团队，抑或代理品牌。每种类型的自媒体都有其主要的工作内容和相应要求的能力，下面我们针对各类自媒体做一个简单的分析。

1) 个人自媒体

如果自媒体运营者选择自己做，即个人自媒体，那他的主要工作内容和重心就是以推广、宣传、吸引用户为主，对个人能力的要求相对较低。个人自媒体的主要工作内容和应具备的工作能力，如图 2-1 所示。

图 2-1　个人自媒体的主要工作内容和应具备的工作能力

如果自媒体运营者选择自己做的话，那么他主要的任务就是了解自媒体的工作内容和工作流程，慢慢积累经验。同时，他也需要具备一些宣传产品和获取流量的基本能力。

2) 团队自媒体

如果自媒体运营者选择创建团队的话，那么其定位就是团队自媒体。团队自媒体相较于个人自媒体而言，需要具备的商业经验和个人能力要更丰富一些。团队自媒体的主要工作内容和应具备的工作能力，如图 2-2 所示。

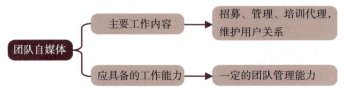

图 2-2　团队自媒体的主要工作内容和应具备的工作能力

如果选择创建团队的话，那么自媒体运营者就需要具备一定的团队管理能力，因为一个团队管理的好坏会直接影响到整个团队的发展。团队自媒体的主要工作是以招募、培养、管理和代理为主，从而不断壮大队伍，增强个人及团队的影响力。

> **专家提醒**
>
> 　　自媒体运营者如果要创建一个自媒体团队的话，除了要具备出众的工作能力外，也要注重自身人格魅力的培养与提升，这样团队的成员才更容易被号召，团队才会更有凝聚力。

3) 品牌自媒体

如果自媒体运营者决定创建自媒体品牌的话，那么其定位就是品牌自媒体。选择这一定位的运营者需要清楚，自己是将品牌自媒体作为目标，还是已经具备品牌自媒体应有的实力。如果是将品牌自媒体作为自己的奋斗目标，那么就应该从前期的个人自媒体或者团队自媒体开始慢慢积累实力，为未来做铺垫；如果已具备品牌自媒体该有的实力，那么更要努力持续做好品牌。品牌自媒体的主要工作内容和应具备的工作能力，如图 2-3 所示。

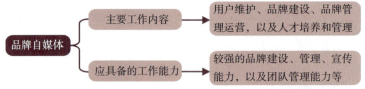

图 2-3　品牌自媒体的主要工作内容和应具备的工作能力

上述的自我定位主要是让自媒体运营者确定自媒体事业的起始点，这个定位可以根据自身的实际情况进行调整，适合自己即可。

2. 帮助自我定位

要到达一个目的地，出发前选择正确的方向是十分重要的，成语"南辕北辙"就

第 2 章 宏观定位，不再迷茫

很好地说明了这一点。如果方向不对，那么自媒体运营者走得越快越远，也只是更加背离了目标。自媒体运营者在选择方向时，可以从以下两点进行考虑。

1）从自身的兴趣出发

兴趣是最好的原动力，自媒体运营者在选择自己的内容方向时，如果能从兴趣出发，那么他在后续的工作中将会充满乐趣，不容易感到疲累，更不会轻言放弃。

2）从自己的优势出发

优势会使自媒体运营者在这一领域更容易获得成功。优势可以是两方面的，一个是自身的特长优势，另一个是自己的资源优势。两方面的优势都可以帮助运营者更顺利地开展自媒体工作。

自媒体运营者只有将个人兴趣或特长与自媒体事业结合起来，以兴趣和特长为推动力，经营之路才会越走越顺畅，越走越远，最终获得成功。

2.1.3 用户定位

只有准确地进行用户定位，自媒体运营者才能顺利开展接下来的工作，解决未来道路上可能会出现的问题。而在进行用户定位之前，首先应该要做的是了解自媒体平台针对的是哪些人群，他们具有什么特性等问题。

关于用户的特性，一般可细分为属性特性和行为特性两大类，如图2-4所示。

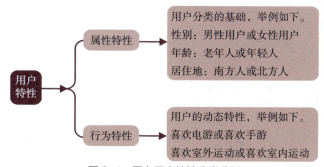

图2-4 平台用户特性分类分析

在了解了用户特性的基础上，自媒体接下来要做的事情是如何进行用户定位。在用户定位过程中，一般包括3个步骤，具体内容如下。

(1) **数据收集**。可以通过市场调研等多种方法来收集和整理平台用户数据，再把这些数据与用户属性关联起来，如年龄段、收入和地域等，绘制成相关图谱，就能够大致了解用户的基本属性特征。图2-5为某产品的用户年龄段分析。

(2) **用户标签**。获取了用户的基本数据和属性特征后，自媒体运营者就可以对其属性和行为进行简单分类，并进一步为用户打上标签，确定用户的购买欲望和活跃度等，以便在接下来的用户画像过程中对号入座。

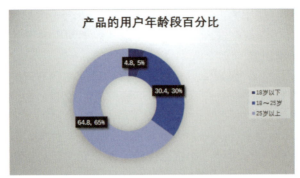

图 2-5　某产品的用户年龄段分析

(3) 用户画像。利用上述内容中的用户属性标签,从中抽取典型特征,完成用户的虚拟画像,构建平台的各类用户角色,以便进行用户细分。

2.1.4　方向定位

在自媒体运营中,首先应该确定的是,所要运营的平台是一个什么类型的平台,以此来决定平台的基调。

平台的基调主要包括 5 种类型,分别是学术型、媒体型、服务型、创意型和搞笑型。在做平台方向定位时,应该根据自身条件的差异选择具有不同优势和特点的平台类型,如图 2-6 所示。

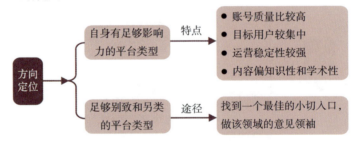

图 2-6　平台方向定位分析

在自媒体运营中,企业、机构和个人自媒体运营者主要可通过以下 5 种途径更好地实现方向定位,即网红、创业奇才、行业意见领袖、BAT(B 指百度、A 指阿里巴巴、T 指腾讯)背景,以及学术范。

另外,在定位平台方向和选择何种平台类型时,企业自媒体运营者还应该对平台的自定义菜单进行规划,以便能够清楚地告诉用户"平台有什么"。自定义菜单规划实质就是对自媒体平台功能进行规划,运营者可从 4 个维度进行思考,分别是目标用户、用户使用场景、用户需求和平台特性。

做好平台方向定位是非常重要的,运营者要慎重对待。只有做好平台方向的定位,确定了基调，才能做好用户运营和内容运营策略，并最终促成平台更好地发展。

2.1.5 内容定位

内容定位，即自媒体平台能够为用户提供的内容和功能，这是吸引用户的关键。运营者用优质的内容将用户吸引过来之后，要继续把控好内容的质量和方向，维持好现有的用户数量，并源源不断地吸引更多的用户。

1. 确定内容发展方向

确定内容的发展方向是平台内容供应链初始时期的工作，是做好内容定位的前提。也就是说，通过初始化阶段的内容构建，从而形成自媒体整体内容框架，以便填充核心内容部分。这是一个环环相扣的过程，也是自媒体运营中进行自我优化的重要方式之一。其中，关于整体内容框架，笔者建议从两个方面着手，即内容架构和注意事项，如图2-7所示。

图2-7 自媒体文案的整体内容框架

2. 确定内容展示方式

在内容定位中，还应该确定运营阶段的内容展示方式。在优质内容的支撑下，更好地展示平台，逐步建立品牌效应，是扩大自媒体影响力的重要条件。优质内容的展示方式一般分为4种，如图2-8所示。

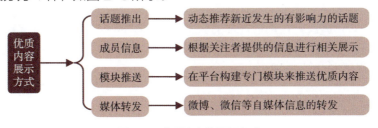

图2-8 优质内容的展示方式

3. 确定内容整合方式

在内容展示过后，接下来更重要的是要了解内容整合方式，以便集结同类优质内容。具体说来，内容整合的方式有3种，如图2-9所示。

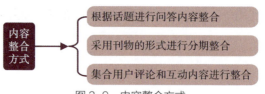

图 2-9　内容整合方式

4. 确定内容互动方式

自媒体运营者除了应做好初始阶段和运营阶段的内容定位以外，还应该确定宣传阶段的内容定位，即怎样进行平台内容的互动。

运营者与用户进行交流，更有利于自媒体平台内容的传播和用户接受能力的提高，从而加深用户对于自媒体平台的信任度和支持度。在明确内容互动方式的过程中，运营者需要把握如下关键点。

特点运作：根据内容运营的自身特点、受众运作。
定时发布：固定时间发布内容，让用户养成习惯。
信息互动：与内容消费者保持信息上的互动。
自主创新：尽量原创内容，少转发和改编他人的作品。

2.1.6 产品定位

产品是整个自媒体运营事业的核心，好的产品是维系自媒体与用户良好互动关系的载体。选择一款好产品对自媒体运营事业来说是极为重要的，因此运营者在选择自媒体产品时需要考虑以下因素。

1. 定位产品的两大前提

自媒体运营者在选择产品时通常都会比较纠结，因为市面上的产品很多，不知该如何选择。其实，运营者在选择产品时只要掌握以下两个策略，就可轻松找出适合自己经营的产品。

1) 把市场需求作为前提

有市场才会有需求，需求带动销售。自媒体运营者在选择自己要经营的产品时，可以从市场需求方面去思考。先了解市面上哪些产品的需求量多，然后以用户需求为主要决策点，选择那些需求数量多和需求人群大的产品。

2) 把兴趣特长作为前提

在选择自己经营的产品时，自媒体运营者还是要以兴趣和特长为前提，选择感兴趣的或者自己有专业优势的产品。

自己感兴趣的产品能激发自媒体经营者的积极性。例如，一个本身对皮肤护理和化妆品比较有兴趣的人，在选择自媒体要经营的产品时就可以此为依据，选择护肤品、面膜和彩妆等产品来经营。

特长是指自媒体运营者对某一方面有一定的了解，或者有这方面相关的人力或物力资源可以依靠。例如，如果某人在做自媒体之前从事较长时间的服装销售工作，擅长服装搭配，在服装行业也有一定的人脉，有稳定的拿货渠道，那么他在选择自媒体要经营的产品时就可以考虑服装类产品。

2. 衡量产品的4大因素

自媒体运营者在选择产品的时候，除了要考虑自身与市场的实际情况外，还要对产品本身的情况做一个衡量。

1) 产品质量

产品质量的好坏决定了客户对产品的满意度，同时也对自媒体的口碑有很大影响，选择一款质量上乘的产品是每一个自媒体经营者都应该做到的。

2) 产品性价比

产品性价比是客户在选择商品时会考虑的一个重要因素，性价比的高低会决定客户对产品的整体满意度。如果产品是日常必需品，那么性价比就会对客户的回购率产生一定的影响。所以，自媒体经营者要根据产品类型和消费人群等，将产品性价比纳入考虑范围。

3) 产品需求量

产品需求量的高低会决定自媒体的产品销售量，同时也会影响客户的重复购买率。需求量高的产品对于初期自媒体创业者来说是比较适合的。

4) 产品市场占有率

产品的市场占有率是指自媒体所经营的产品在市场里的占有率。如果产品的市场占有率高，说明自媒体经营的产品市场竞争力比较大，自媒体运营者就应该对产品的质量严格把关，对客户的服务要做得更好，保持绝对优势的竞争力。如果产品的市场占有率低，说明产品需求者少，自媒体运营者就要着重于产品质量和客户服务质量的提升。

3. 找出经营产品的3大不要

自媒体人在选择产品时，除了要进行上述两个方面的考虑外，还要谨记以下3个不要，这样才能找到适合长期经营下去的产品。

1) 不要"三无"产品

自媒体运营者在选择产品时，一定要注意的是，万万不可售卖"三无"产品。用户对"三无"产品是非常抵触的，而且售卖"三无"产品是触犯法律的，将会受到法律的制裁。因此，自媒体经营者在选择产品时一定不要染指这类产品。

2) 不要劣质产品

产品口碑的好坏对自媒体来说是很重要的。劣质产品的用户满意度会非常低，客户体验效果差，不仅对产品的评价差，也会连带对自媒体经营者产生不好的印象，导致运营者的产品和口碑双双下降。因此,自媒体运营者在选择产品时一定要注重质量,确保提供给客户的产品都是优质的,而不是劣质产品。

3) 不要没有前景的产品

产品的市场前景代表着产品的未来预期销量。市场前景好的产品才能使自媒体持久地经营下去,而市场前景差或没有市场前景的产品,经过一段时间的经营后,产品销量将会渐渐下滑,甚至无人问津。

有些市场前景不好的产品刚出现之时,潜在的需求者也不会太多。这代表着自媒体在经营这种产品时,可获得的收益是不乐观的,很可能长期经营也无法换来收益。

2.1.7 名称定位

做好自媒体定位工作,给自己的自媒体取一个合适的名字是首要工作。合适的自媒体名称将会为后续运营带来很多好处,如使自媒体更容易被搜索到、更容易被引流,以及更好地展现自媒体的服务信息等。

因此,取一个适合的名称,才能为自媒体运营打下坚实的基础。自媒体运营者在给自媒体命名时,要做到以下两点。

1. 命名要避开的雷区

企业或个人在给自己的自媒体取名时需要注意的是,不可为了过分追求特别、引人注目,而犯下取名时应避免的错误。自媒体名称不可踩的雷区包括如下几个。

1) 没有搜索关键词

关键词是指包含自媒体定位、经营范围和服务对象的词语。包含关键词的自媒体名称一开始就会吸引一部分潜在客户群体,当用户搜索某一关键词时,如果自媒体名称中带有这个关键词,那它出现在用户搜索推荐中的概率就非常大,被该用户关注的概率也非常大。没有包含关键词的自媒体名称,不容易被目标群体发现,自媒体的曝光度就会很低,从而会影响订阅者的数量。因此,在给自媒体命名时,运营者特别要留心的就是关键词。

需注意的是,自媒体名称中嵌入关键词时,一定要注意关键词的精准性,关键词越精准,被搜索到的概率就会越大。

2) 名称中有生僻字

与名字中没有关键词一样,如果名称中有生僻字同样会影响自媒体的搜索概率。毕竟大部分用户在搜索自媒体时,很少能打出生僻字。此外,如果自媒体名称中包含太生僻的字,就不容易让人记住。

还需要注意的一点是,在自媒体名称中尽量不要出现"火星文"。一是火星文和符号难免会给人一种不太靠谱、不规范的感觉;二是火星文无法用普通输入法流畅地打出来,而且还比较难记住。

2. 命名的8个技巧

自媒体的名称很重要，它决定了用户对自媒体的第一印象，一个好名称会为自媒体带来更多的目标用户，可以说自媒体名称就如同实体店名称一样。自媒体运营者要想让用户记住自己，就必须在取名上下功夫。下面介绍几种常用的命名方法。

1) 直接式命名法

直接式命名法是指直接以企业或者产品名称来为自媒体命名，多用于知名企业或品牌。这种命名法具有3个优势，分别是用户的识别度高、借助品牌易于传播和便于用户搜索。例如，我们熟悉的"当当网""新华社"和"中国移动"等，就是采用直接式命名法来为其自媒体命名的。

2) 提问式命名法

提问式命名法是从用户需求出发，将自媒体所能提供的服务通过问题的形式表现给广大用户。比如，名为"吃啥"的自媒体就是介绍美食的，名为"穿啥"的自媒体就是介绍衣服和穿着搭配技巧的，名为"暴走看啥片"的自媒体自然就是介绍影视作品的，而"饿了么"品牌就是专注于外卖的。

3) 趣味性命名法

随着社交网络的飞速发展，也出现了很多内容定位都朝向新鲜、好玩和有趣等方面的自媒体，这类供用户消遣娱乐的自媒体名称往往充满趣味，这也是这类自媒体命名的常用技巧。比如，"吃不胖的胖子""十万个冷笑话"等。

4) 区域名命名法

为本地用户提供服务的自媒体取名时往往会突出名称的区域性，这种命名方法就是区域名命名法。它有一个很突出的优势，就是能快速精准地定位本地用户，如"长沙吃喝玩乐""我在衡阳我爱吃"等。

5) 百科类命名法

百科类命名法可以运用在各行各业中，"百科"一词直接地向用户展示了自媒体丰富的信息资源，而且具有一定的权威性，如"百科知识""糗事百科"等。

6) 形象化命名法

形象化是利用文学修辞手法，将企业的品牌或者服务形象化的一种取名方法，常见的以形象化命名的自媒体有"篮球公园""拇指阅读"等。

7) 企业 + 领域命名法

以企业 + 领域命名的自媒体也是十分常见的，这种方法既表现了品牌效应，又精准定位了目标用户，如"百度电影""百度外卖"和"豆瓣同城"等。

8) 行业名 + 用途命名法

以行业名 + 用途的命名方法常用于个人或企业自媒体，如电影演出票和法律咨询等。这种命名方法通过直接展示行业名称和表现用途来吸引用户。

2.1.8 目标定位

没有目标的努力注定是白费力气的，自媒体运营者只有确立了目标，并为实现目标付诸实践，才更容易获得成功。自媒体运营者的文案创作和广告推广等运营项目无不是如此。因此，在正式运营之前，自媒体运营者应该明白自己的最终目标是什么，这样才能有努力的方向和坚持下去的信念。关于自媒体账号的目标，大致包含了以下2个方面。

(1) **对外的目标**：致力于与读者共享，为读者贡献最全面和最深入的专业知识和技巧。

(2) **对内的目标**：可分为多个层次，最初是不断推广自己的账号，吸引更多粉丝的关注；其次是打造有影响力的新媒体大号，构建IP形象；最终在积累了足够粉丝的基础上通过流量变现。

2.1.9 模式定位

本节将介绍自媒体的6种经营模式，以期帮助自媒体运营者精准地找到最适合自己的经营模式。

1. 个人对个人

自媒体的个人对个人(consumer to consumer，C2C)模式，是指自媒体不断积累粉丝数量，然后通过在朋友圈里发布产品信息，或者通过线上小店的形式，将自己经营的产品销售出去。

个人对个人的自媒体经营模式具有操作简单和工作内容单一的特征。这种模式的经营方式十分简单，同时它也是最基础的经营模式。

2. 企业对个人

自媒体的企业对个人(business to consumer，B2C)模式，主要指的是通过企业自媒体平台的服务号对客户提供销售服务。这种模式是个人对个人模式的升级，也是自媒体行业发展的主体趋势。自媒体的企业对个人模式是基于个人对个人模式建立起来的，因此它与客户之间会有较深的信任关系。企业对个人模式的优势主要体现在4个方面，分别是商品管控严、产品质量高、顾客关系稳和流量更集中。

3. 线上线下结合

自媒体的线上与线下结合(online to offline，O2O)模式，是指将线下客户体验与线上客户消费结合起来的一种自媒体经营模式。这种自媒体经营模式比较适合想走服务型或与实体店相结合的自媒体。这种模式具有3个方面的优势，分别是打破了时间与地域限制、提高了客户体验，以及增强了与客户的联系。

4. 培养代理

自媒体的代理渠道模式是指自媒体不直接销售产品，而是借助各种社交平台去招募代理和培训代理，打造一个属于自己的代理团队。这种模式具有自媒体成长速度快、管理要求高和收益效果好的特点。

5. 发展品牌

发展品牌模式是指自媒体自己创建品牌或借助其他企业品牌的一种模式。自媒体创建品牌需要自身具备一定的实力；而借助其他品牌，自媒体需要挑选出具有发展前景的品牌企业，与之建立合作或者品牌代理的关系，借助企业品牌的原有力量去开展自媒体事业。品牌模式具有3个方面的优点，分别是竞争力强、收益好和发展趋势好。

6. 多种模式混合

自媒体混合模式是指将两种模式相结合。例如，自媒体运营者可以将个人对个人模式和线上线下结合模式混合，个人自媒体可以通过开设一个实体店铺，然后借助抖音和微信平台开设一个线上店铺，让客户在实体店内体验，然后去线上消费。这种模式结合了两种模式的特点，能够给客户带来更完美的消费体验，具有加强与客户互动、加强客户黏性的优点。

2.2 打造自媒体风格

风格是一种标签，能够展现出自媒体独特的姿态，有效地吸引用户眼球；风格也是一种态度，能无声地表达立场，获得他人信任。

2.2.1 自媒体风格定位

风格定位在最初经营自媒体的时候就是一项硬性要求，目的是在做自媒体的时候，能准确定位自己的目标客户群，定位自己的写作内容和范围。本节将详细介绍自媒体风格定位的要求和如何打造自媒体的风格标签，稳固自媒体发展的方向。

1. 风格是自媒体定位的基础

风格是一种由内至外的魅力，是吸引粉丝的聚焦点。这种魅力不仅表现在形式和内容上，也表现在态度和风度上。下面以图解的形式表述自媒体风格对于引流的作用，如图 2-10 所示。

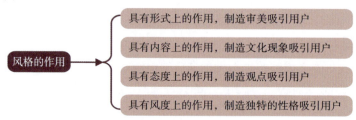

图 2-10 自媒体风格的作用

自媒体运营者在定位风格时，即使是跨界经营，也必须保证一个账号一个风格。自媒体的风格不止体现在内容上，形式、态度和风度都能够影响人。由于读者的水平和喜好不同，有人注重审美、有人注重文化、有人注重观点、有人注重个性……自媒体运营者只有把账号风格经营好，才能保证吸引更多的用户。

2. 风格是自媒体的标签

从外在表现形式上来说，风格就好比是一件外衣，第一眼就能吸引受众的关注，引起他们的兴趣。一般来说，第一印象的好坏会在对方大脑中形成信息，可以直接影响对方将来的行为，甚至后期都难以逆转这种刻板印象。所以，第一印象至关重要，现在很多网友都缺乏耐心，只愿意在第一眼感兴趣的内容上多停留几分钟。运营者在经营自媒体时，无论短视频内容质量有多好，但只要形式让人不满意，就无法得到用户的认可。

从内在品质和内容上来说，风格就是一种态度和立场，能表现出自媒体运营者的品位和修养，当用户被自媒体内容中表现出来的智慧和风度所吸引时，他们就和自媒体运营者成了精神上的朋友。

思想的形成需要很长一段时间，而形式上的修饰只需要很短时间。因此，自媒体运营者不要舍本逐末，把本应在思想文化积累上花的功夫花在了形式的学习上。毕竟"形式只是一块垫脚石，内容才是王道"。

3. 风格是自媒体的方向

方向决定着自媒体运营能否到达成功的彼岸，也决定着自媒体运营者能否在市场压力中始终坚持自己的目标，坚守自己的原则，做一个有态度、有立场、有自我和有追求的自媒体。

如今，自媒体市场秩序混乱的一大原因就是内容原创能力低和抄袭泛滥，而抄袭泛滥的主因可以认为是个人风格意识不强，没有强烈的个性意识、品质意识、坚定的自我态度和自我价值追求，因此某些自媒体运营者在市场竞争中难以坚持良性竞争原则和明确的发展方向。

一个有自己风格的人必然是有自己的原则和追求的人，一个有明确风格的自媒体也必然是有坚定方向的自媒体。总而言之，有目标才有方向、有目标才能坚持，而对

第 2 章　宏观定位，不再迷茫

于自媒体运营者这种坚持的精神，用户往往也会有所触动，并潜移默化地形成好感，成为忠实粉丝。

2.2.2 打造醒目招牌

风格是原则的表现，风格是态度的表现，风格是价值追求的表现，粉丝们从来都不会追随没有自我风格、只会跟风的自媒体，有风格的自媒体最容易得到用户的肯定和支持，所以说风格是自媒体最醒目的招牌。本节将详细介绍如何打造自媒体风格的个性、特色，以及吸引目标流量的方法。

1. 打造自媒体的个性风格

自媒体的个性风格，其实就是一种自我话语能力，能够让用户在短视频中看到运营者的个性。下面以图解的形式介绍打造自媒体个性风格的方法，如图 2-11 所示。

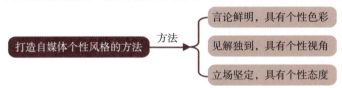

图 2-11　打造自媒体个性风格的方法

提高自我话语能力是一件很重要的事，但不是一件容易的事情，毕竟不是每一个人都能用细腻的感情或跌宕的人生经历写出出色的文章或制作出精彩的视频。因此，建议自媒体人应不断学习、提升自己的知识水平和阅历。例如，多参加一些讲座、活动，旅行以增长见闻，还可以多读一些知名作家的作品，进行学习和借鉴。

2. 打造自媒体的特色风格

自媒体时代，每一个人都有表达自我想法的权利。然而，现在很多争抢实现话语权的人可能由于表达能力不足，使得自媒体上出现很多聒噪之言，甚至淹没了许多真正有内容、有态度的自媒体的声音。面对这样的境况，优秀的自媒体运营者最应该做的就是打造独特的风格，以突出重围，高调地让群众看到自己。

3. 打造吸引目标受众的风格

运营者打造自媒体风格，是以准确定位的内容吸引目标受众关注。因此，自媒体应从内容到形式、从思想到气质全面打造极具吸引力的风格，如图 2-12 所示。

自媒体风格的全面化表现，其实就是自媒体背后运营人员本身文化修养、思想价值、审美品位和气质涵养的表现。

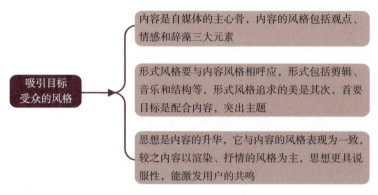

图 2-12　吸引目标受众的风格

2.2.3　营造自媒体品牌

自媒体品牌是一种无形的资产，是一种信誉和利益的集合概念，还是一种价值和文化的体现。风格是自媒体品牌塑造的基础，一个自媒体首先需要向用户表明态度，才能塑造品牌信誉。只有让自媒体的价值观得到用户的承认，才能在运营中实现品牌价值；只有让自媒体的个性变得丰满，才能形成自媒体的品牌文化，让用户有归属感。

1. 外部价值带来直接利益

品牌的外部价值由市场的接受度决定，它能帮助自媒体抢占市场份额，获得市场盈利，品牌只有得到用户的认可和支持，才能够产生市场价值，真正获得实质的利益价值。运营品牌外部价值获得用户认可的要素包括品牌的时尚性、品牌的创新性、品牌的代表性与品牌的实用性。此外，品牌外部价值带有经济目的，它重在品牌变现，获得实际的、直接的且能够在市场活动中周转和流通的利益价值。

在实现品牌外部价值的时候，运营者要充分考察市场动向，考虑用户需求，时刻牢记只有被市场高度接受的品牌才具有经济价值，只有被用户高度认可的品牌才具有市场价值。

2. 内部价值创造粉丝价值

内部价值由品牌文化对顾客的影响力决定，它的作用是塑造品牌形象，让自媒体获得忠实粉丝。这主要是因为品牌能给人一种身份认同感，这种身份认同感或高贵、或感性、或优雅。

在品牌内部价值塑造时，不论是塑造品牌形象，还是获得忠实粉丝，自媒体运营者都需要好的品牌代言人。这里说的品牌代言人不是广告明星，而是自媒体运营者从事的领域中的权威人物。

2.3 自媒体人如何成为自明星

随着网络的发展，网络上涌出了大批拥有强大号召力的个人品牌，比如抖音上的李子柒、黑脸Ⅴ等，这些人就是我们常说的自明星，是通过短视频自媒体出现在广大网友视野里的公众人物。

那么他们是如何通过自媒体从普通人一步步成长为所在领域的领军人物的呢？本节主要讲述成为一个自明星需要具备的素养。

2.3.1 互联网意识

自明星是依托自媒体走出来的拥有个人品牌的自媒体达人，他们的包装和发展跟其运营的自媒体定位是息息相关的，因此自明星与自媒体一样，都需要具备超强的互联网意识，而互联网意识可分为如下3个层次。

1. 营销意识

第一个层次是把互联网当成一个社会化的媒体营销平台，即利用微博、微信、抖音和快手等社交网络与用户进行沟通，实现最佳营销。

互联网意识的第一个层次最好致力于做社会化媒体营销，这样做有利于打造自媒体口碑，有拉动用户参与、取得营销最佳效果和扩大品牌宣传的作用。具体来说，自媒体运营者可以站在用户利益的角度，或者采用用户喜欢的方式思考问题。

2. 用户意识

第二个层次主要是从"用户意识"的角度进行考虑，在用户至上和体验至上的商业时代，让用户掌握消费主权，在消费活动中成为主动方，利用互联网的便利性找准用户痛点，针对性地制作产品和提供服务，打动用户。

互联网大数据时代，自媒体对互联网利用最多的就是调查、收集、整合市场和用户的数据，然后依据这些数据制定产品发展规划、服务升级规划和市场营销规划。等一切都准备妥当，并经过多次测试之后，自媒体运营者才会进入市场，参与市场竞争。

在这一系列的操作中，互联网大数据虽然不是最精密和最重要的，但它起着基础性的作用，哪怕其中一个小数据出现错误，就可能会影响之后一系列的操作。

3. 互联网思维

对于自媒体，最重要的不是做电子商务营销，而是形成一种互联网的思维模式；不是借助社交平台做营销推广，而是重整自媒体的商业模式。下面以图解的形式详解自媒体互联网意识的第三个层次，如图2-13所示。

图2-13　互联网意识的第三个层次

互联网思维的培养和形成，是基于对整个商业生态圈和企业价值链的重新思考与整合，现今快手、抖音和B站这样大红大紫的平台，虽然充分利用了互联网思维的优势，但它们却不能等于整个互联网，互联网思维的形成是基于整个商业生态圈的大数据化，而电商化的短视频平台只是这个商业生态圈中的一角。

▶ 2.3.2　团队合作意识

完全独立经营对于自媒体经营者来说，总会出现许多能力上、精力上或策略上无法实现的东西，从内部到外部都会产生不利影响。因此，许多自媒体选择了团队合作的方式。

1. 团队合作的内涵

自媒体团队合作有三层内涵，一是自媒体内部组成团队，二是在自媒体保持独立的情况下与一些机构或企业进行合作，三是不同的自媒体之间形成一种联盟模式的商业绑定。下面以图解的形式详解自媒体团队合作的三层内涵，如图2-14所示。

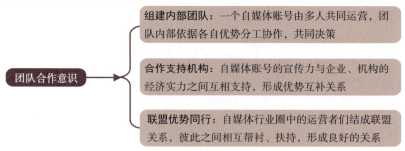

图2-14　自媒体团队合作的三层内涵

2. 没有团队意识的后果

自媒体内部不能形成团队意识，造成的不良后果主要有以下几个方面。
(1) 不利于提高工作效率。
(2) 不利于完善各项操作。
(3) 不利于集中多方智慧。

(4) 不利于形成科学决策。

3. 外部合作关系

外部合作关系是指自媒体在保持运营独立性的前提下，与其他机构或企业达成共识，形成合作关系。这种合作关系是非常普遍的，最典型的就是自媒体广告，广告商支付给自媒体运营者一定的经济报酬，借用自媒体的影响力做推广，但又不影响自媒体的内容风格和经营模式。

2.3.3 品牌打造意识

品牌是产业风格的具体化，是产业经营的态度、文化和价值集合的产物，品牌即代表着质量、信誉和声望，所以不论是实体企业还是网络自媒体，想要把产业或产品做大、做好、做强，必须具有品牌意识。

同样，自媒体也需要打造自己的品牌，下面以图解的形式介绍自媒体打造品牌意识的重要性，如图 2-15 所示。

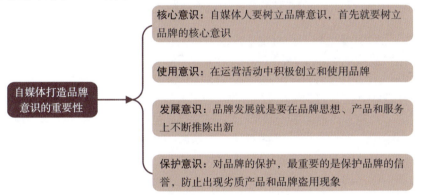

图 2-15 自媒体打造品牌意识的重要性

自媒体经营者首先需要树立一个品牌意识，然后还需要有一个强势的品牌目标，督促着自己要往哪方面努力，往哪方面发力，塑造一个自己满意，也能让用户认同的自媒体品牌。

品牌自媒体之间存在的竞争压力比普通自媒体更大，可以说品牌一旦树立起来，它就成了自媒体的灵魂，所以自媒体运营者在品牌运营上只能不断地加强和升华，一旦出了纰漏，就等于自媒体的灵魂受到了冲击。因此，增强自媒体品牌竞争力和品牌能量，需要不断强化品牌影响力和持续创新品牌内涵。

品牌自媒体竞争的本质就是品牌文化的竞争，因此自媒体运营人员要持续创新产品功能和内涵，不断加强品牌的竞争力和影响力，从而实现自媒体的持续强化升级。

从树立品牌意识，到注意品牌要素和品牌竞争，都是一个自明星必须要做的功课，打造一个有特色、有价值、有内涵、有品质的自媒体品牌，是一个自明星应有的追求。不论是实体企业，还是网络自媒体，品牌能够带来的不只是收益，还有人们所追求的事业及成就感。

2.4 科学运作自明星

经过品牌打造等一系列的铺垫和升级，对自媒体的运营就再也不能局限在一个人的兴趣上，而应该对消费者、投资者负责，像一个实体企业的运营者一样，每一个经营步骤都要经过科学的设计、决策和运作。

本节主要介绍自明星的定向引爆策略、传播要素运用和用户的情绪利用等科学运作的方法，让自明星品牌能够长盛不衰。

2.4.1 定向引爆策略

所谓"定向引爆策略"，就是在企业进行营销的时候，要求一切从客户的需求出发，把消费者放在第一位，并努力降低消费者购买成本的营销策略。在企业营销中有一个专业的"4C策略"指导定向引爆，包含消费者、成本、沟通和便利性。这4个要素中存在着一种流水线逻辑，即企业以消费者为出发点，在营销中以尽量减少消费者的购买成本为宗旨，并积极与消费者进行沟通，努力为消费者的购买提供便利性。从这个逻辑中可以看出，企业营销不只以消费者购买产品或服务为出发点，而且在每个环节中都以消费者的利益和便利为中心点。

企业的"4C策略"同样适用于自媒体营销，自明星要以企业化的模式经营自媒体，把消费者当作营销的出发点和中心点。举例来说，在电影宣传中，各大官博自媒体的推广充分利用了"4C策略"，他们先从消费者这一出发点和中心点要素进行分析，通过让消费者参与讨论的方式，吸引他们的关注，并从话语中了解他们的需求，有的放矢地满足消费者，得到他们的认同。

2.4.2 传播要素运用

自媒体即使获得商业融资也不能放弃继续做内容推送，因为一旦放弃，就等同于失去了这个自媒体阵营，而放弃了这个阵营将无法和用户有效沟通，科学运作就失去了基础。所以，自明星不仅不能放弃自媒体的内容推广，还要比一般人更懂得运用自媒体信息传播的要素。

1. 信息的娱乐性

越是娱乐性质的消息，就越能博得眼球，吸引话题，甚至能登上热搜。虽然这些娱乐化的信息使用的都是千篇一律的套路和陈旧老套的内容，但实际效果却往往非常好。

2. 信息的情绪性

情绪化的信息与娱乐化的信息相比，传播范围和被接受度稍弱一些，毕竟轻松、趣味性的东西更符合现代人们快节奏的生活方式。同时，情绪化的信息引发的争论热度是最高的。激发用户的情绪也有几个常用的套路，比如慈善公益、平民英雄事迹和社会不良风气等。

3. 信息的利益性

利益性的信息既是一种信息内容，又是一种信息手段。利益性信息的两大作用是，为读者提供利益性导向的信息和以利益为手段吸引用户。再进一步分析，运营者提供利益性导向的信息，就是告诉用户商机和利益发展方向，为用户提供指导；以利益手段吸引用户就是通过告诉用户什么渠道好发展、能够获得不菲的利益，吸引用户关注和参与到某个商业活动中。

4. 信息的知识性

自媒体作为一个媒体工具，向用户传播信息是其本职功能。在传播信息的时候要照顾用户的求知性，通常用户的求知性可能不强，专业化和领域化的知识可能并不是用户每天都想看的，反而是网上那些带点生活气息的内容最能勾起用户的求知和阅读欲望。

自明星可以从生活的各个层面打造知识性信息，如养生知识、天文知识、居家知识、时政知识和旅游知识等，这些内容是不分年龄、身份和学历的人都会接受的。内容可采用以小见大、以浅见深的表现方式构建。

5. 信息的重大性

重大性的信息是最吸引眼球、最能引发议论和获得广泛传播的，重大性的信息集合了信息的娱乐性和情绪性的传播优势，但又比信息的娱乐性更庄严，比情绪性更理智。

2.4.3 利用用户情绪

自明星在获得商业融资后，会以企业管理的模式运营自媒体，而企业的任何一次营销都是以目标客户为核心的，所以自明星需要更加努力地吸引和留住用户。

现代人处于超快节奏和激烈的竞争环境中，都或多或少存在一些心理压力，了解人们的压力现状及对舒缓压力的需求，有利于自媒体运营者更好地招揽目标用户、影响这些目标用户。

随着互联网的发展，人们能了解的事物越来越多，对外界的认识也越来越多，但生活却依旧单调。因为工作的繁忙和经济的紧迫，人们有太多无法达成的目标，内心会纠结、会苦恼。因此，他们在阅读自媒体文章或观看短视频时，更希望能够认识新鲜的事物，了解更广阔的世界。

人的需求与现实的矛盾，其实是现在社会中人们普遍面临的问题，由于看世界的视野越来越宽广，内心越来越渴望自由，渴望在社会中得到关注、得到尊重，但人们又发现自己的价值极其渺小，这样的矛盾会让人对外界产生抵触情绪。对于自媒体运营者来说，了解到用户的抵触情绪，就应该顺势而为，利用这种抵触情绪开展活动，引起他们的关注，解决他们的困惑，帮助他们宣泄负面情绪。对于以打造品牌为目标的自明星来说，品牌一定要是正面的、有品位的，所以自明星需要做的是，把用户的抵触情绪科学转化，用自己的实际行动给他们留下健康、理智和开明的品牌印象。

第 3 章
精准定位，轻松运营

俗话说，不打无准备之仗。自媒体运营也是如此，运营者要想在竞争中获胜，就必须做好各项准备工作。本章内容主要讲述自媒体精准定位的方法，包括选择行业、运营技巧、确定内容和运营注意事项，帮助自媒体运营者找到准确的定位。

3.1 选择行业

行业的选择对于每个人的人生规划和职业规划来说都是很重要的。因此，自媒体运营者如果想要获得更好的发展，那么选择一个合适的行业发展方向就非常关键。本节以短视频运营过程中的行业方向选择为出发点，进行具体介绍。

3.1.1 自我定位

在看到感兴趣的且发展比较顺利的抖音号时，那些拥有才艺或手艺的人往往就会想："我也会这些，那么是不是我也能成为网络红人呢？"可见，在选择短视频行业方向之前，首先还是需要从自身的爱好和特长出发来考虑。一般来说，运营者在选择发展方向前需要从 3 个方面进行考虑，如图 3-1 所示。

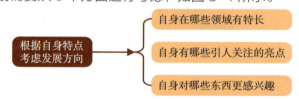

图 3-1　根据自身特点考虑发展方向

运营者只有选择了适合自己的短视频行业方向，才能更有动力。特别是在特长和兴趣两方面，更是运营者必须具备的。不同的运营者，可根据自身情况对这两个方面的比重进行调整，如图 3-2 所示。

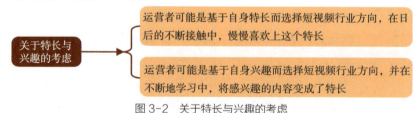

图 3-2　关于特长与兴趣的考虑

在笔者看来，只有将特长与兴趣二者结合起来，才是短视频运营的正确之道，具体分析如图 3-3 所示。

图 3-3　结合特长与兴趣的短视频运营分析

第 3 章 精准定位，轻松运营

综上所述，运营者选择行业方向时必须从自身出发，而不能是因为平台上哪些行业"火"就胡乱选择，这样很容易形成被动局面，且一般难以取得成功。在短视频运营过程中，有兴趣或特长的加持，运营者才能长期坚持下去。

3.1.2 行业定位

在清楚自身的实际情况后，运营者还需要考虑要推广产品的行业属性。如果运营者打造的短视频内容与产品行业属性完美契合，那么就能在运营上取得更好的效果，如图 3-4 所示。

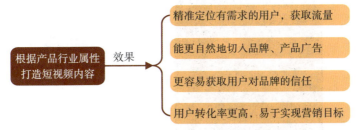

图 3-4 根据产品行业属性打造短视频内容

可见，基于产品的行业属性来打造优质的和专业的短视频内容，可以在积累流量的同时，让用户关注品牌和产品，最终实现短视频营销的目的。那么，关于短视频内容的行业方向，在具体运营中自媒体运营者应该如何做出选择呢？在此，笔者以服装产品为例进行具体介绍。

根据笔者前面提到的行业定位原则，作为一个服装行业的营销者，其打造的短视频内容肯定会与服装相关。其中比较典型的就是，他们会选择发布一些与穿搭技巧相关的短视频内容，或者选择发布一些服装推荐视频，这样更能吸引用户关注和购买。当然，运营者还可以基于自己所经营的服装类型，如女装、男装和童装等，在穿搭技巧的分享上进行筛选和匹配。图 3-5 为抖音上与穿搭相关的短视频案例。

图 3-5 抖音上与穿搭相关的短视频案例

45

3.1.3 了解详情

短视频运营者利用上面两种方法，初步确定了短视频行业方向后，接下来就需要根据具体数据来做出分析和判断，以便了解该行业方向上的用户画像，确定垂直细分领域。

那么，运营者应该怎样去了解这些数据和内容呢？下面以抖音短视频为例，帮助读者了解如何在"西瓜短视频助手"平台上查找数据。

第一步，登录"飞瓜数据"平台，单击"播主排行榜"选项，如图3-6所示。

图3-6 查看"播主排行榜"

第二步，进入"行业排行榜"界面，在"所属行业"区域选择"穿搭"选项，即可进入"穿搭"播主排行榜界面，如图3-7所示。

图3-7 "穿搭"播主排行榜界面

进入该界面后，运营者即可选择和查看与穿搭相关的抖音号，了解这些用户的情况和运营数据，即可判断所选行业领域的现状，以及热门内容的方向。

3.2 运营技巧

确定了运营方向后，运营者还需要掌握一些运营技巧，让自己拍的短视频能被更多的观众看到。我们可以从 4 个角度来提升账号推荐权重，分别为垂直度、活跃度、健康度和互动度。

3.2.1 垂直度

通俗来说，垂直度就是用户拍摄的短视频内容符合自己的目标群体定位。例如，运营者是一个化妆品商家，想要吸引对化妆品感兴趣的女性人群，于是选择拍摄大量的化妆教程短视频，这样的内容垂直度就比较高了。

值得注意的是，抖音和快手都是采用推荐算法的短视频平台，会根据用户的账号标签来为其推荐精准的视频节目。例如，运营者发布了一个旅游类的短视频，平台在推荐这个短视频后，会有很多喜欢旅游视频的用户给他点赞和评论，平台就会将运营者的短视频打上旅游类标签，同时将短视频推送给更多旅游爱好者观看。如果运营者之后发布了一个搞笑类的短视频，则会由于内容垂直度低，与推荐的流量属性匹配不上，导致点赞和评论数量变得非常低。

推荐算法的机制就是用标签来精准匹配内容和流量，这样每个用户都能看到自己喜欢的内容，每个运营者都能得到粉丝关注，平台也才能一直活跃。运营者要想提升账号的垂直度，可以从如下几个方面入手。

1. 塑造形象标签

形象标签可以从账号名称、头像和封面背景等方面下功夫，让大家一看到就知道账号的主要内容方向。因此，运营者在设置基础信息时，一定要根据自己的内容定位来选择，这样才能吸引更多精准的流量。

例如，"手机摄影构图大全"这个抖音号，名字中有"手机摄影"和"构图"两个明确的关键词，头像也采用了一个带有黄金分割线的"蒙娜丽莎"图案，发布的内容都是摄影构图方面的知识，因此该抖音号的内容垂直度非常高，获得的流量也很精准，如图 3-8 所示。

图 3-8 "手机摄影构图大全"抖音号

2. 打造账号标签

有了明确的账号定位后，运营者可以去同领域大号的评论区进行引流，也可以找一些同行业的大号进行互推，增加短视频的关注和点赞量，培养账号标签，获得更多精准粉丝。

3. 打造内容标签

运营者在发布短视频时，要做到风格和内容的统一，不要随意切换领域，让账号标签和内容标签相匹配。根据自己的账号标签来发布内容，账号的垂直度就会更高。

3.2.2 活跃度

日活跃用户是短视频平台的一个重要运营指标，每个平台都在努力提升自己的日活跃用户数据。例如，抖音平台的日活跃用户超过 6 亿（截至 2020 年 8 月），快手平台 2020 年平均日活跃用户达 2.65 亿。

日活跃用户是各个平台竞争的关键要素，因此创作者必须持续输出优质的内容，帮助平台提升日活跃用户数据，这样平台也会给这些优质创作者更多的流量扶持。例如，抖音平台为了提升用户的活跃度，还推出了"回顾我的 2019"活动，给用户分析和总结了一份专属于自己的 2019 年作品回顾，如图 3-9 所示。

图 3-9 "回顾我的 2019"数据报告

3.2.3 健康度

健康度主要体现在用户对运营者发布的短视频内容的爱好程度，其中完播率就是

第3章 精准定位，轻松运营

最能体现账号健康度的数据指标。内容的完播率越高，就说明用户对短视频的满意度越高，运营者的账号健康度也就越高。

因此，短视频运营者需要努力打造自己的"人设"魅力，提升短视频内容的吸引力，保证优良的画质效果，同时还需要在内容剧本和标题文案的创意上下功夫。

3.2.4 互动度

互动度显而易见就是指观众的点赞、评论、私信和转发等互动量，因此运营人员要积极回复观众的留言，做好短视频的粉丝运营，培养强信任关系。

在短视频运营中，运营人员应该抓住粉丝们对情感的需求，任何形式的、能够感动人心的细节方面的内容，都可能会触动粉丝的心灵。短视频自媒体进行粉丝运营的最终目标，是让用户自觉转发内容，购买产品，给产品好评，并分享给他的朋友，把用户转化为最终的消费者。

3.3 确定内容

在短视频运营中，运营者基于行业方向和用户画像确定细分垂直领域后，接下来就要收集整理与细分垂直领域相关的内容，这样才能保证自己的账号持续输出有价值的内容。

一般来说，构成短视频内容的素材包括热门话题、专业知识、各类资源和各种稿件等，还包括运营者自己生产的内容。本节将对这些内容素材的获取方式进行介绍。

3.3.1 微博平台

在微博上，短视频运营者可以通过多种途径查看热门的信息和话题。例如，运营者可以在微博登录界面点击上方的"发现"按钮，进入"发现"界面，即可看到"热门微博分类"面板，如图3-10所示。

图 3-10 查看热门微博分类

如果运营者想要了解今日热门微博榜单，可以选择单击左侧的"榜单"按钮，查看近期的热门微博内容，如图 3-11 所示。

图 3-11　查看热门话题

此外，微博提供了各种各样的微博热点信息，运营者可以根据自身需要进行查看。其中，比较显眼的是进入微博主页，显示在其左侧的"热门"标签，用户可以查看当下的热门事件，还可以在该界面右侧的"微博新鲜事"和"微博实时热点"中查看。

3.3.2　百度平台

关于百度，其产品可谓是多种多样的，除了涉及搜索服务、导航服务、社区服务、游戏娱乐、移动服务、站长与开发者服务、软件工具等领域，近些年百度又新推出了"小度商城""百度百聘""百度信誉"等产品，完善了平台的服务范围。图 3-12 为百度的"社区服务"方面的产品。

一般来说，运营者要寻找与短视频相关的资源和内容，就可以前往资源集中又实用的百度产品平台进行收集和整理，如上图中的"百科""文库""贴吧"和"知道"等。

第 3 章　精准定位，轻松运营

图 3-12　百度的"社区服务"方面的产品

1. 百度百科

所谓"百科"，指的是它是一部中文知识性网络百科全书，计划涵盖所有领域的知识。在该平台，运营者可以通过词条进行搜索，查看比较全面和具体的知识内容。图 3-13 为百度百科产品的主页展示。

图 3-13　百度百科产品的主页展示

2. 百度文库

百度文库是一个在线互动式文档分享平台，其文档资料主要涉及教育频道、专业资料、实用文档、资格考试和专业方案等多个领域。图 3-14 为百度文库产品的主页展示。

图 3-14 百度文库产品的主页展示

3. 百度贴吧

百度贴吧是兴趣相同的网友聚集起来进行交流和展示的互动平台，其中的贴吧内容主题涉及娱乐、游戏、小说、地区和生活等。图 3-15 为百度贴吧产品的主页展示。

图 3-15 百度贴吧产品的主页展示

4. 百度知道

百度知道是目前最大的中文互动问答平台之一，用户可以在平台上提出自己亟待解决的问题，当有其他用户解答之后，该答案就会留存在平台上以供其他有相同需求的用户进行搜索。短视频运营者可以根据平台提供的已知答案，或者通过提出问题寻找答案的方式来获取资源和内容。图 3-16 为百度知道产品的主页展示。

第3章 精准定位，轻松运营

图 3-16 百度知道产品的主页展示

在百度平台上，除了各种内容资源外，海量的时事新闻资讯也是一大特色。提供时事新闻的百度产品是百度新闻，用户在该平台上可以查看很多内容和资讯，包括新闻事件、热点话题、人物动态和产品资讯等。图 3-17 为百度新闻产品的主页展示。

图 3-17 百度新闻产品的主页展示

3.3.3 知乎平台

自媒体运营者在制作短视频时，需要用到各种专业知识，如平台运营技巧、短视频拍摄、短视频后期编辑和所选领域的专业知识等。这些内容需要借助相关平台来进行收集和整理，而知乎这个网络问答社区平台就是一个很好的选择。

在知乎平台上，运营者注册账号时可以选择感兴趣的话题，其后平台将基于这一情况推送相关内容。在这样的情况下，短视频运营者可以通过多种渠道寻找专业知识。在知乎首页上，有"推荐""关注"和"热榜"选项可供运营者进行查找。特别是在"热榜"界面，显示了当下热门的话题，如图3-18所示。

图3-18 "热榜"界面

同样，在"发现"界面，也是运营者寻找热门专业知识和话题的好地方。无论是"编辑推荐"区域，还是"今日最热""本月最热"，抑或是"圆桌讨论""热门话题""热门收藏"模块，都有助于运营者收集和整理热门专业知识。图3-19为知乎的"发现"界面部分展示。

图3-19 "发现"界面的"圆桌讨论"区域

另外，在知乎的"话题广场"界面，显示了不同类别的话题，运营者可以分专业和领域进行查找。例如，运营者选择"摄影"选项，界面中就会显示与摄影相关的话题，如图3-20所示。

第3章 精准定位，轻松运营

图 3-20 与"摄影"相关的话题

运营者可选择具体的摄影话题，即可跳转至对应的话题界面查看相关知识，如图 3-21 所示。短视频运营者要想更多地收集内容，可以多关注几个与短视频内容相关的话题。

图 3-21 具体的话题界面

在图 3-21 所示的具体话题界面中，运营者也可通过多种方式来获取和收集内容——话题上方显示了"索引""百科""讨论""精华"等菜单。其中，在"索引"界面，运营者可根据不同的"索引词"进行分类查找，如图 3-22 所示。

图中话题包含了 9 个索引词——它们几乎囊括了与摄影相关的各个阶段和领域，且每一个索引词下方又包含了不同的问题。

图 3-22 具体话题的"索引"界面

"讨论"界面包含了对各类话题的讨论,运营者可以选择需要的和感兴趣的问题查看,了解其他人的观点和看法,集思广益,从而开拓思路。而"精华"界面显示的都是赞同度和评论量比较高的问题,如图 3-23 所示。这样的内容明显更容易受到用户的欢迎,因此把它们收集起来并制作成相应的短视频,必然是打造优质内容的好方法。

图 3-23 具体话题的"精华"界面

如果运营者还想要获取更细分的专业知识,可以在具体话题界面的右侧查看"子话题",精准地查找和详细地了解垂直细分领域的内容。例如,选择"胶片摄影"子话题,点击进入相应界面,即可进行查看和收集内容,如图 3-24 所示。

图 3-24 选择和查看子话题

除上述功能以外,知乎平台还提供了搜索功能,这是一种更快地找到所需专业知识的途径。

3.3.4 音频平台

在短视频运营过程中，除了可以收集话题和文字、图片内容来制作短视频外，还可以收集音频内容用于短视频创作，如大家熟悉的喜马拉雅FM、蜻蜓FM等音频平台，都可以成为素材收集的对象。

随着互联网和移动互联网的发展，各音频平台的发展已经相当成熟，其内容包括了众多领域。图3-25为喜马拉雅FM内容的种类和涉及的领域。

图3-25 喜马拉雅FM内容的种类和涉及的领域

运营者可以点击与短视频内容相关的分类标签，然后进入相应界面查看和收集可以用作短视频制作的音频资料。图3-26为"历史"领域的内容展示，其中显示了"历史"领域中多个细分类别，如正史、野史、军事、战争、名人、纪实等。

图3-26 "历史"领域的内容展示

专注于细分领域的短视频运营者，可选择相关领域进行查看。例如，在"相声"类别下，运营者不仅可以查看和收集与相声知识相关的音频内容，还可以查看相声推荐榜和排行榜，了解受欢迎的音频内容，如图 3-27 所示。

图 3-27　推荐榜和排行榜

3.3.5　原创内容

自媒体运营者可以通过自己拍摄视频来获取素材，不过这需要运营者有高超的拍摄技能和视频处理水平，这样才能保证创作出优质的短视频内容。图 3-28 为"手机摄影构图大全"抖音号中，创作者实践拍摄的短视频内容，它可以加强用户的临场感，获得更真实的视频体验。

图 3-28　实践拍摄的短视频内容

第3章 精准定位，轻松运营

在拍摄题材和视频画面选取方面要注意，如果自媒体的定位是摄影类，运营者在拍摄时就可以选择一个用户常见的却拍不好的场景，然后运用自己擅长的拍摄技巧，如特写、微距、全景等，进行拍摄方法的讲解。一般来说，这样拍摄出来的视频效果应非常好，且能够吸引用户点击播放。

前面介绍的素材搜集方法中，多是借用了其他平台的资源。那么，是不是就代表运营者完全可以搬运其他人创作的内容来充当自身短视频的内容呢？其实不然。前面说的只是素材搜集的方法，运营者还需要在搜集的素材的基础上进一步创作，这样才能算是原创的短视频内容。如果纯粹只是在账号运营中搬运短视频的内容，即使能通过它们博取众人的眼球，但是对自身的长远发展却是不利的，具体原因如图3-29所示。

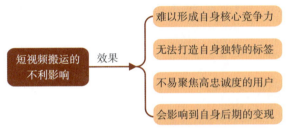

图3-29 搬运短视频的不利影响

可见，要想将短视频账号顺利开展下去，并最终打造短视频品牌和实现快速变现，就必须有原创的、优质的短视频内容，而不能完全依赖搬运，只有这样运营者才能在短视频行业的竞争中获胜。这一原则是必须遵守的，且要在账号创建前就有一个清楚的定位。

3.4 运营注意事项

面对火爆的短视频，普通用户如何正确地做好运营，甚至让它为我们带来一笔不菲的收入呢？其实，短视频运营非常讲究方法和技巧，本节将介绍短视频运营的一些技巧和注意事项。

3.4.1 遵守平台规则

对于短视频制作者来说，做原创短视频才是最长久、最可靠的运营手段。在互联网上，运营者想借助平台成功变现，一定要做到两点：遵守平台规则和迎合用户喜好。下面笔者重点介绍短视频平台的常见规则。

(1) **不建议做低级搬运**。低级搬运是指没有任何处理地直接照搬带有其他平台特点和图案的作品。大部分短视频平台对这些低级搬运作品的账号会直接封掉，或者不给予推荐。

(2) **视频必须清晰无广告**。

(3) **了解视频推荐算法**。首先，平台会将短视频推荐给一批人。例如，先推荐给100个人观看该短视频，这100个人就是我们常说的流量池。假如这100个人观看视频之后，反馈比较好（如80人完全看完了，有30个人点赞了，有10个人发布了评论），系统则会认为该短视频是非常受用户欢迎的，因此会将该视频推荐到下一个流量池。第二次可能推荐到1000人的流量池，然后再重复该过程。这也是我们经常看到一个热门视频连续好几天都留在首页的原因。当然，如果第一个流量池反馈不好，这个视频自然也就得不到后续的推荐了。

(4) **提高账号权重**。普通视频账号能够登上热门有一个共同的原因，那就是这些账号经常会给别人的作品点赞。这也是一种广告营销账号模仿正常用户的玩法，避免直接发营销视频，而被系统判断为营销广告号或者小号，进而被屏蔽。

3.4.2 不要删除作品

很多短视频都是在发布了一周，甚至一个月以后，才突然开始火爆起来的，所以运营者的抖音账号是否能够快速吸引目标用户的眼球，最核心的问题还是在内容上。

很多人在运营短视频时有个不好的习惯，那就是当他们发现某个视频的整体数据很差时，就会把这个视频删除。笔者建议大家千万不要删除发布的视频，尤其是账号还处在稳定成长期间，删除作品对账号有很大的影响，它可能会减少短视频上热门的机会，减少内容被再次推荐的可能性。此外，删除视频可能会影响账号权重，当账号运营维护得很好、内容已经很稳定地得到推荐，此时运营者把之前的视频删除，可能会影响到当下短视频的整体数据。

这就是"时间性"的表现，那些默默无闻的作品可能过一段时间又能够得到流量扶持或曝光，因此运营者最不应做的就是删除作品。

3.4.3 选择发布时间

运营人员在发布短视频时，发布的频率一周至少为2～3条，然后进行精细化运营，保持账号的活跃度，让每一条视频都尽可能地上热门。至于发布的时间，为了让作品被更多的人看到，运营者一定要选择在平台在线人数多的时候发布短视频。

据统计，饭前和睡前是短视频用户在线最多之时，有62%的用户会在这段时间内看短视频；10.9%的用户会在碎片化时间看短视频，如上卫生间或者上班路上。

尤其是睡前和周末、节假日这些时间段，平台用户活跃度非常高。笔者建议大家发布视频的时间最好控制在以下 3 个时间段。

(1) 周五的 18:00—24:00。

(2) 周末（星期六和星期天）。

(3) 其他工作日的 18:00—20:00。

同样的作品在不同的时间段发布，效果肯定是不一样的，因为流量高峰期的用户较多，那么作品就有可能被更多人看到。如果用户一次性录制了好几个视频，千万不要同时发布，每个视频发布的时间至少要间隔一个小时。

另外，发布视频的时间还需要结合目标客户群体的使用时间，根据职业、工作性质、行业细分及内容属性的不同，发布的时间节点也要有所差别。因此，运营者要结合内容属性和目标人群，选择一个最佳的时间点发布短视频，得到的曝光和推荐会大很多。

3.4.4 注重团队力量

短视频运营若想长期发展，建立专业的团队是最好的选择。运营团队可包含 6 ~ 7 人，每个人都有自己擅长的专业知识，每天只生产一条 15 秒的短视频。在这样一种高质量、高强度和高专业的背景下，生产出来的内容更容易得到用户认可。

短视频团队的主要成员包括导演、编剧、演员、摄影师和剪辑师等。其中，演员是最重要的角色，尤其是真人出镜的短视频内容，演员一定要有很好的亲和力和表演能力，这些是吸引用户持续关注的必要条件。

短视频团队的主要工作包括选择主题、策划剧本、拍摄剪辑、特效制作和发布维护等。围绕这些工作，在创建短视频团队时，高效率是大家共同追求的目标，我们可以运用以下 5 个要素来打造一支高效率的视频运营团队。

(1) **团队目标**：短视频团队要制定一个运营目标，而且这个目前必须简单、明确和统一，然后大家通过共同努力配合来实现这个目标。

(2) **团队成员**：人是团队中不可缺少的元素，各种事项都需要人来完成，因此需要选择合适的成员，以组建一支高效的短视频团队。

(3) **团队定位**：明确短视频团队在企业中的位置，以及选择团队领导者、各团队成员的任务安排等，都必须做好定位。

(4) **权限分配**：分配好团队成员的管理权限，如信息决定权、营销计划决定权和人事决定权等。

(5) **制订计划**：计划是完成目标的具体工作程序，团队必须制订一系列具体的行动方案，所有的团队成员需要严格按计划进行操作，一步步贴近并实现目标。

总之，只要短视频有一定的传播性，团队能有更好的创意并通过拍摄表达出来，则该短视频就有在网络中传播甚至"爆红"的机会。

3.4.5 分析相关数据

如今,大家都用碎片化的时间做网络浏览,如果是几分钟的视频,很多人不一定有耐心看完,但如果是 15 秒的短视频,则能控制在用户的容忍度内,完播率也将大大提升。但应该注意的是,即使视频只有 15 秒,但如果没有给用户呈现出精彩的效果,那么用户可能看了几秒就退出了,这样的视频也无法达到传播的效果。

在运营短视频时,运营者不仅要掌握录制视频和配背景音乐的方法,还要学会数据的分析和运营。

1. 掌握数据比例

运营者应重点掌握两个数据比例,这两个比例对于短视频运营和优化有很大的帮助。

(1) 10:1。该短视频如果有 10 个赞,就应该会增加一个粉丝。

(2) 100:5。100 个播放量会产生 5 个赞,这应该算是一个中等水平的数据。知名账号的数据相对来说比例可能会高一点,100 个播放量可能得到 10 个赞,甚至更多。如图 3-30 所示,这个视频的播放量是 1000 次,按照正常比例来说应该至少有 50 个赞,但实际点赞数只有 1 个,也就是看的人较多,但喜欢的人不多,那么,我们就可以判定该视频内容需要进行优化,以提升点赞量。

图 3-30 点赞量不佳的视频

2. 做好复盘工作

要想成为短视频平台上的达人，运营者除了做好过程的运营外，在分析相关数据的基础上进行复盘也是必不可少的工作。复盘不是简单的总结，而是对你过去所做的全部工作进行一个深度的思维演练。

短视频运营复盘的作用主要体现在 4 个方面：第一，了解短视频项目的整体规划和进度；第二，看到自身的不足、用户的喜好、对手的情况等；第三，能够站在全局的高度和立场，看待整体局势；第四，找出并剔除失败因素，重现并放大成功因素。总的来说，短视频的复盘就是分解项目，并在此过程中分析和改进项目出现的各种问题，从而优化最终的落地方案。只有采用科学的复盘方案，才能保证短视频运营更加专业化。

对于短视频运营者来说，复盘是一项必须学会的技能，也是个人最重要的能力，我们要善于通过复盘将经验转化为能力，具体的操作步骤如下。

(1) **回顾目标**。目标就好像是一座大厦的地基，如果地基没有建好，那么大厦就会存在隐患，因此不科学的目标可能会导致短视频运营的失败。所以，我们在做短视频运营之前，就需要拟定一个清晰的目标，并不断回顾和改进。

(2) **评估结果**。复盘的第二个任务就是对比结果，看看是否与当初制定的目标有差异。评估的内容主要包括刚好完成目标、超额完成目标、未完成目标和添加新目标几种情况，分析相关的结果和问题，并加以探讨改进。

(3) **分析原因**。分析原因是复盘的核心环节，包括成功的因素是什么和失败的根本原因是什么。例如，我们发布的短视频为什么没有人关注，或者哪些短视频成功地吸引了大量粉丝点赞等，将这些成败的原因都分析出来。

(4) **总结经验**。复盘的主要作用就是将运营中的所有经验转化成个人能力，因此最后一步就是总结出有价值的经验，包括得失的体会，以及是否有规律性的东西值得思考。

3.4.6 避开各种陷阱

短视频运营的工作比较复杂，不仅仅要懂内容，还要懂渠道，能做互动，但是短视频运营者往往没有充足的预算来配备完善的短视频团队，这导致运营者要兼任多方面的工作，一不小心就会陷入误区，抓不住工作重点。下面为大家介绍最常见的 5 个短视频运营误区。

1. 过度把精力放在后台

第一个误区就是过度把精力放在后台。很多短视频运营者在发布短视频时，往往只注重后台操作，发行之后也不会去每个短视频平台观看，这样的做法是非常不对的。

因为每个渠道的产品逻辑都不同，如果不注重前台的使用，就无法真正了解每个短视频平台的用户行为。

2. 不与用户做互动

第二个误区是不与用户做互动。一般来说，给短视频评论的都是短视频平台上相对活跃的用户，运营者及时有效的互动，有助于吸引用户的关注，而且平台也希望创作者可以带动平台的用户活跃起来。很多运营者不是不知道互动的重要性，只是因为精力有限，或者没有时间去实践，还有的运营者纯粹是因为懒。其实，运营者不用每一条评论都去回复，可以筛选一些有想法、有意思或者有价值的评论来回复和互动即可。

3. 运营平台单一

第三个误区是运营平台单一。许多运营者只专注在一个平台运营，造成视频传播的局限性。建议运营者可进行多平台运营，这样能够发现更多的机会。特别是抖音和快手这种流量大的短视频平台，可能会在不经意间产生爆款，增加一些小惊喜。

4. 不管不顾硬"蹭"热点

运营者"蹭"热点可以在一定程度上增加自身热度，但是要把握好度，内容上不能超出自己的领域，如果热点与自己的领域和创作风格不统一，千万不能硬"蹭"热点。当运营者更多的是去抄袭，而不是原创，这样将很难持续产出风格统一的作品，也就无法吸引粉丝。

5. 内容与目标相关性弱

我们在运营短视频的过程中一定要明确自己的目标，拍摄的短视频一定要为目标服务，内容一定要与目标具有相关性。例如，对于部分抖音运营者来说，运营抖音账号的直接目的就是通过视频营销增加商品的销量，从而获取利润。基于这一点，运营者在视频中应将营销作为重点，而尽量少去做其他事，否则将很难达到预期的效果。

图3-31为某抖音运营者拍摄的一个视频，可以看到该视频获得了1.4万个点赞，留言超过了1000次。对于这样的视频，按理来说，视频中的同款商品销量应该不会太差。结果点击视频中的商品链接，发现月销量竟然为零。之所以会出现这样的情况，是因为该视频中运营者主要是展示模特自身的性感、漂亮，却没对商品进行营销。如果不是看到视频中插入了商品链接，许多人可能会认为这就是一个自拍视频。很显然，这样的视频内容与目标之间的相关性是比较弱的。

第3章 精准定位，轻松运营

图 3-31　内容与目标相关性弱导致营销效果差

以上是短视频运营中比较常见的 5 个误区，在实际的运营工作中，还存在各种各样的误区，需要运营者去发现问题，寻找解决方案。

第4章
文案运营,必学之技

封面、文字说明和开头内容是视频文案最重要的一部分,许多用户都会根据视频的封面决定要不要观看。在观看视频的过程中,用户也会根据视频的文字说明和开头内容,决定要不要看完视频,并对视频进行点赞、评论和转发。

4.1 拟写吸睛标题

用户在浏览一个短视频时，首先注意到的可能就是它的标题。因此，一个短视频的标题好不好，将对它的整体数据造成很大的影响。对于打造爆款标题，运营者必须掌握如下 3 个关键内容。

4.1.1 标题制作要点

作为短视频的重要部分，标题是短视频运营者需要重点关注的内容。标题创作必须要掌握一定的技巧和写作标准，只有熟练掌握标题撰写的必备要素，才能更好、更快地撰写标题，达到引人注目的效果。

那么，在撰写短视频标题时，应该重点关注哪些方面，并进行切入和语言组织呢？接下来，我们就一起来看看标题制作的要点。

1. 不做"标题党"

标题是短视频的"窗户"，如果用户能从这一扇窗户之中看到短视频的大致内容，就说明这个标题是合格的。换句话说，就是标题要体现出短视频内容的主题。

虽然标题就是要起到吸引用户的作用，但是如果用户被某一标题吸引，观看内容之后却发现标题和内容主题关系不大，或是完全没有关系，就会降低用户的信任度，从而拉低短视频的点赞和转发量。这也要求运营者在撰写短视频标题的时候，一定要注意所写的标题与内容主题的紧密程度，切勿做"标题党"，而应该尽可能地让标题与内容紧密关联。

2. 重点要突出

一个标题的好坏直接决定了短视频的点击量和完播率，所以短视频运营者在撰写标题时，一定要突出短视频的重点。

运营者还要注意，标题语言尽量简洁明了，且字数不要太多。如果标题太长，不仅用户没有耐心继续往下看，而且标题也无法在手机屏幕上完整显示。此外，短视频标题最好能够朗朗上口，这样才能让用户在短时间内清楚地知道运营者想要表达的是什么，而用户也就自然愿意点击观看短视频的内容。

在撰写标题的时候，运营者切忌标题成分过于复杂。换句话说，标题要简单明了，用户在看到标题时，会有一种比较舒适的视觉感受，阅读起来也更为方便。如图 4-1 所示，这两个短视频的标题只有短短几个字，但用户却能从中看出短视频的主要内容，这样的标题就非常好。

图 4-1　简短的标题

4.1.2　标题文案写作

好的标题才能让用户点击观看短视频的内容，因此拟写标题就显得十分重要。

1. 拟写标题的基本原则

评判一个标题的好坏，不仅仅要看它是否有吸引力，还需要参照其他一些原则，具体如下。

1) 换位原则

运营者在拟定标题时，不能只站在自己的角度去想，而是要站在受众的角度去思考。也就是说，应该将自己当成受众，思考受众会用什么词进行搜索，这样写出来的标题才会更接近用户的心理。

因此，短视频运营者在拟写标题前，可以先将有关的关键词输入搜索浏览器中进行搜索，然后从排名靠前的文案中找出它们编写标题的规律，再将这些规律应用于自己的标题中。

2) 新颖原则

短视频运营者如果想让自己的标题形式变得新颖，可以采用多种方法，这里介绍几种比较实用的标题形式。

(1) 标题要尽量使用问句。问句能引起人们的好奇心，如"谁来拯救缺失的牙齿？"这样的标题更容易吸引受众。

(2) 标题要详细。标题创作时要尽量写得详细，这样才会有吸引力。

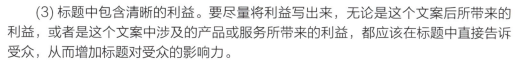

(3) 标题中包含清晰的利益。要尽量将利益写出来，无论是这个文案后所带来的利益，或者是这个文案中涉及的产品或服务所带来的利益，都应该在标题中直接告诉受众，从而增加标题对受众的影响力。

3) 关键词组合原则

通过观察可以发现，能获得高流量的文案标题，都是拥有多个关键词并且进行组合之后的标题。这是因为只有单个关键词的标题，它的排名影响力不如多个关键词的标题。

例如，如果仅在标题中嵌入"面膜"这一关键词，那么用户在搜索时，只有输入"面膜"，文案才会被搜索出来。而标题上如果含有"面膜""变美""年轻"等多个关键词，则用户在搜索其中任意关键词时，文案都会被搜索出来，标题"露脸"的机会也就更多了。

2. 标题体现文章主旨

俗话说："题好一半文。"意思是，一个好的标题就等于一半的文案内容。衡量一个标题好坏的方法有很多，而标题是否能够体现视频主旨就是衡量其好坏的一个主要参考依据。

如果一个标题不能够做到在受众看见它的第一眼就明白它想要表达的内容，由此得出该视频是否具有点击观看的价值，那么受众在很大程度上就会放弃观看。文案标题是否体现文案主旨将会造成完全不同的结果，具体分析如图 4-2 所示。

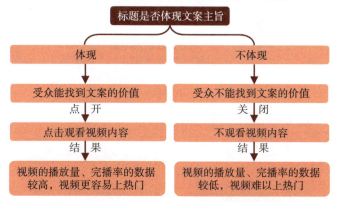

图 4-2　标题是否体现文案主旨将造成的结果分析

经过分析，大家可以直观地看出，文案标题是否体现文案主旨会直接影响短视频的营销效果。所以，运营者想要让自己的视频上热门的话，那么在确定文案标题的时候一定要多注意文案标题是否体现了其主旨。

3. 标题涵盖"中心词"

编写文案标题的时候，运营者需要充分考虑怎样去吸引目标受众的关注，而要实现这一目标，就需要考虑关键词中是否含有"中心词"。

"中心词"指的是语句组成的根本，只要有"中心词"我们就可以组成不同的短语。短视频运营者在标题中加入有"中心词"的关键词,才能使文案被搜索出来的概率提高。例如,一篇文案标题为"十分钟教你快速学会手机摄影",那这个标题中"手机摄影"就是关键词,而"摄影"就是"中心词"。

4.1.3 常见标题类型

在短视频运营过程中,标题的重要性不言而喻,正如曾经流传的一句话:"标题决定了 80% 的流量。"那么如何制作短视频标题呢?本节为大家介绍常见的短视频吸睛标题类型。

1. 福利型

福利型标题,是指标题向受众传递一种"查看这个短视频你就赚到了"的感觉,让用户自然而然地想要看完短视频。一般来说,福利型标题准确把握了用户希望获取利益的心理需求,让用户看到"福利"等相关字眼就会想要了解短视频的内容。

福利型标题的表达方法有两种,一种是比较直接的方法,另一种则是间接的表达方法。虽然方法不同,但效果是相差无几的,具体如图 4-3 所示。

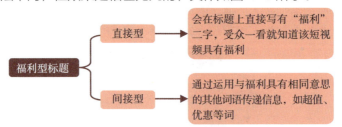

图 4-3 福利型标题的表达方法

值得注意的是,在撰写福利型标题的时候,无论是直接型还是间接型,都应该掌握 3 点技巧,如图 4-4 所示。

图 4-4 福利型标题的撰写技巧

直接福利型标题和间接福利型标题虽然稍有区别,但本质上都是通过"福利"来吸引受众的眼球,从而提升文章的点击率。福利型标题通常会给受众带来惊喜之感,既可以吸引用户的注意力,又可以为用户带来实际利益,可谓一举两得。当然,福利型标题在撰写的时候也要注意,不要因为侧重福利而偏离了主题,且最好不要使用太长的标题,以免影响短视频的传播效果。

2. 价值型

价值型标题，是指用户观看了短视频之后，就可以掌握某些技巧或者知识。这种类型的标题之所以能够引起受众的注意，是因为抓住了人们想要从短视频中获取知识的心理。许多用户都是带着一定的目的观看短视频，要么是希望短视频含有福利，比如优惠和折扣，要么是希望能够从短视频中学到一些有用的知识。因此，价值型标题的魅力是不可阻挡的。

在打造价值型标题的过程中，往往会碰到这样一些问题，比如"什么样的技巧才算有价值？""价值型标题应该具备哪些要素？"等。那么价值型标题到底应该如何撰写呢？笔者将经验技巧进行总结，如图4-5所示。

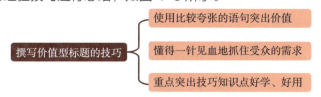

图4-5 撰写价值型标题的技巧

值得注意的是，在撰写价值型标题时，最好不要提供虚假的信息，比如"一分钟一定能够学会……""三大秘诀包你……"等。价值型标题虽然需要添加夸张的成分，但是要把握好度，要有底线和原则。

3. 励志型

励志型标题最为显著的特点就是"现身说法"，一般是通过第一人称的方式讲故事，故事内容包罗万象，但总的来说离不开成功的方法和经验等。

如今很多人都希望获得成功，却找不到合适的路，这个时候他们可能会愿意观看励志型短视频，了解其他人是怎样打破枷锁、走上巅峰的。那么，他们就很有可能对带有这类标题的视频内容感到好奇，因此这样的标题结构看起来就会具有独特的吸引力。励志型标题模板主要有两种，如图4-6所示。

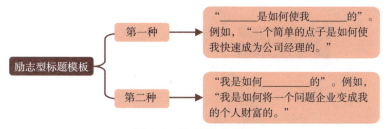

图4-6 励志型标题模板

励志型标题的好处在于煽动性强，容易制造一种鼓舞人心的感觉，勾起用户的欲望，从而提升短视频的完播率。那么，打造励志型标题是不是单单依靠模板就好了？答案是否定的，模板固然可以借鉴，但在实际操作中，运营者还是要根据短视频内容的不同而研究特定的励志型标题，总的来说有3种经验技巧可供借鉴，如图4-7所示。

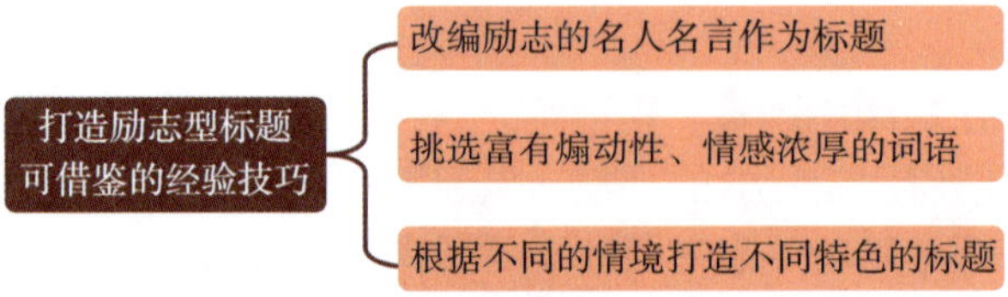

图 4-7　打造励志型标题可借鉴的经验技巧

励志型标题一方面是利用用户想要获得成功的心理，另一方面则是巧妙掌握了情感共鸣的精髓，通过带有励志色彩的字眼来引起受众的情感共鸣，从而成功吸引受众的眼球。

4. 冲击型

不少人认为"力量决定一切"，这句话虽带有绝对化的主观意识在其中，但还是有着一定道理的。其中，冲击力作为力量范畴中的一员，在短视频标题撰写中有着独有的价值和魅力。

所谓"冲击力"，即带给人在视觉和心灵上触动的力量，也是引起用户关注的原因所在。在具有冲击力的标题撰写中，要善于利用"第一次"和"比……还重要"等类似的较具有极端性特点的词汇——因为用户往往比较关注那些具有突出特点的事物，而"第一次"和"比……还重要"等词汇是最能充分体现其突出性的，往往能带给用户强大的戏剧冲击感和视觉刺激感。

5. 揭露型

揭露型标题是指为受众揭露某件事物不为人知的秘密的一种标题。大部分人都会有一种好奇心和八卦心理，而这种标题则恰好可以抓住受众的这种心理，从而给受众传递一种莫名的兴奋感，充分引起受众的兴趣。

短视频运营者可以利用揭露型标题做一个长期的专题，从而达到长期凝聚受众的目的。揭露型标题比较容易打造，只需把握三大要点即可，如图 4-8 所示。

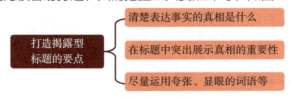

图 4-8　打造揭露型标题的要点

对于揭露型标题，最好在标题之中显示冲突性和巨大的反差，这样可以有效吸引用户的注意力，使得用户认识到短视频内容的重要性，从而愿意主动观看短视频，提升短视频的观看量。图 4-9 为揭露型的短视频标题，这两个短视频标题都侧重于揭露事实真相，短视频内容也是侧重于讲解不为人知的新鲜知识，从标题上就做到了先发制人，因此能够有效吸引受众的目光。

第 4 章 文案运营，必学之技

图 4-9 揭露型标题

揭露型标题其实和建议型标题有不少相同点，因为都提供了具有价值的信息，能够为受众带来实际的利益。当然，所有的标题形式实际上都带有自己的价值和特色，否则这些标题就无法吸引用户的目光，更无法让用户主动为短视频的观看量和点赞量做出贡献。

6. 悬念型

好奇是人类的天性，悬念型标题就是利用人的好奇心来打造的，首先抓住受众的眼球，然后提升受众的阅读兴趣。标题中的悬念是一个诱饵，引导用户查看短视频内容，因为大部分人看到标题里有没被解答的疑问，就会忍不住想弄清楚到底怎么回事。这就是悬念型标题的套路。

悬念型标题在日常生活中运用得非常广泛，也非常受欢迎。人们在看电视、综艺节目的时候经常会看到一些节目预告，这些预告就会采取这种悬念型的标题引起观众的兴趣。利用悬念撰写标题的方法通常有 4 种，如图 4-10 所示。

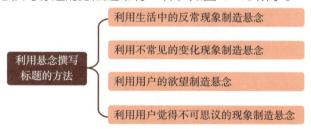

图 4-10 利用悬念撰写标题的方法

悬念型标题的主要目的是增加短视频的可看性，因此运营者需要注意的一点是，使用这种类型的标题，一定要确保短视频的内容是充满悬念的，能够让用户感到惊奇，否则就会引起受众的失望与不满，继而让用户质疑你的账号。悬念型标题是运营者青睐有加的标题形式之一，它的效果也是有目共睹的。如果运营者实在不知道怎么取标题，悬念型标题是一个很不错的选择。

悬念型标题虽然能够博取大众的眼球，却很难保留长时间的效果。因此，短视频运营者在撰写悬疑型标题的时候，需要非常慎重，最好是有较强的逻辑性，切忌为了标题而忽略了视频的营销目的和质量。

悬念型标题是运用比较频繁的一种标题形式，很多短视频都会采用这一标题形式来引起受众的关注，从而达到较为理想的营销效果和传播效果。图4-11为悬念型标题的典型案例。

图4-11 悬念型标题的案例

7. 借势型

借势是一种常用的标题制作手法，是借助最新的热门事件吸引受众的眼球。借势不仅完全是免费的，而且效果还很可观。借势型标题是指在标题上借助社会时事热点、新闻的相关词汇来给短视频造势，增加点击量。一般来说，时事热点拥有一大批关注者，而且传播的范围也会非常广，短视频标题借助这些热点就可以让用户搜索到该短视频，从而吸引用户查看短视频的内容。

那么，在创作借势型标题的时候应该掌握哪些技巧呢？我们可以通过3个方面来打造，如图4-12所示。

打造借势型标题的技巧
- 时刻保持对时事热点的关注
- 懂得把握标题借势的最佳时机
- 将明星热门事件作为标题内容

图4-12 打造借势型标题的技巧

值得注意的是，在打造借势型标题的时候，运营者要注意两个问题：一是带有负面影响的热点不要用，大方向要积极向上，充满正能量，带给受众正确的思想引导；二是最好在借势型标题中加入自己的想法和创意，然后将发布的短视频与之相结合，做到借势和创意的完美同步。

8. 警告型

警告型标题常常通过发人深省的内容和严肃深沉的语调给受众以强烈的心理暗示，从而给用户留下深刻的印象。尤其是警告型的新闻标题，常常被很多运营者所追捧和模仿。警告型标题是一种有力量且严肃的标题，给人以警醒作用，从而引起用户的高度注意，它通常会将以下3种内容移植到短视频标题中，如图4-13所示。

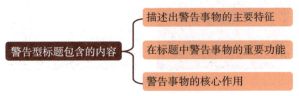

图 4-13　警告型标题包含的内容

那么，警告型标题应该如何构思打造呢？很多人只知道警告型标题能够起到比较显著的影响，容易夺人眼球，但具体如何撰写却是一头雾水。笔者在这里分享3个技巧，如图4-14所示。

图 4-14　打造警告型标题的技巧

在运用警告型标题时，需要注意标题是否与内容相衬，因为并不是每一个短视频都可以使用这种类型的标题。这种标题形式运用得恰当能给短视频加分，起到其他标题无法替代的作用；运用不当的话，很容易让用户产生反感情绪，或引起一些麻烦。因此，短视频运营者在使用警告型标题时要谨慎小心，注意用词恰当与否，绝对不能草率行文，不顾内容胡乱取标题。

警告型标题可以应用的场景很多，无论是技巧类的短视频内容，还是供大众娱乐消遣的八卦新闻，都可以用到这一类型的标题形式。图4-15为带有警告型标题的案例，让用户一眼就能锁定，从而产生兴趣。同时，标题中的"千万"既起到了警告受众的作用，又吸引了受众观看内容。

选用警告型标题主要是为了提升用户的关注度，从而大范围地传播短视频。因为警告的方式往往更加醒目，触及用户的利益，使本来可能不想看的用户也会点击查看。

图 4-15　警告型标题

4.2　内容表达效果

一个好的视频文案，能够迅速吸引用户的注意力，增加账号粉丝。那么，如何才能写出好的视频文案，做到吸睛、增粉两不误呢？本节就为大家介绍文案内容的基本写作方法。

4.2.1　把握表达方式

文案写手是专业的文字工作者，需要具备一定的文字表达能力。而若想更高效、更高质地完成文案任务，除了掌握写作技巧外，还需要让表达更合乎用户的口味。

1. 通俗易懂

文案要通俗易懂，雅俗共赏。这既是对文案的基本要求，也是在文案创作的逻辑处理过程中，写手必须了解的思维技巧之一。从本质上而言，通俗易懂并不是要将文案中的内容省略掉，而是通过文字组合展示内容，让用户在看到文案后便能够心领神会。

图 4-16 为抖音短视频封面文案——"看大楼上怎么玩'俄罗斯方块'的"和"兄弟，我挺不住了，救不了你了"，这些文案就特别通俗易懂，让用户一看就能明白短视频要讲的是哪方面的内容。

第 4 章　文案运营，必学之技

图 4-16　通俗易懂的文案

　　从通俗易懂的角度出发，我们追求的主要是文案所带来的实际效果，而非文学上的观赏性。那么，如何让文案产生更好、更实际的效果呢？运营者不妨从以下 3 个方面进行考虑。

　　(1) 文案是否适合要用的媒体。
　　(2) 文案是否适合产品的市场。
　　(3) 文案是否适合产品的卖点。

2. 删除多余内容

　　成功的文案往往表现统一，失败的文案则原因众多。在可避免的问题中，文字的多余累赘是失败的主因，其导致的结果主要包括内容毫无意义、文字说服力弱和问题模棱两可等。解决多余文字最为直接的方法就是将其删除，这也是强调与突出关键字句最为直接的方法。图 4-17 为某手表的广告文案，它直接告诉用户某手表最能体现品位，而没有说其他多余的内容。

　　删除多余的内容对于广告文案来说其实是一种非常聪明的做法。一方面，多余的内容删除之后，重点内容更加突出，用户能够快速把握运营者要传达的意图；另一方面，多余的内容删除之后，内容将变得更加简练，同样的内容能够用更短的时间进行传达，用户不容易产生反感情绪。

图 4-17 某手表的广告文案

3. 少用专业术语

专业术语是指各领域和行业中对一些特定事物的统一称谓。在现实生活中，专业术语十分常见，如将集成电路称作 IC、添加编辑文件称为加编、大企业中称行政总裁为 CEO 等。

专业术语的实用性往往不一，但是从文案写作的技巧出发，往往需要将专业术语用更简洁的方式替代。专业术语的通用性比较强，但是文案中往往不太需要。相关的数据研究也显示专业术语并不适合给大众阅读，尤其是在快节奏的生活中，节省阅读者的时间和精力，提供良好的阅读体验才是至关重要的。

图 4-18 为某电脑广告文案的部分内容。可以看到，在这一文案中有一些行外人看不太懂的词汇，如"华硕 TUF 1600s""微星 1600Super 万图师"等，这样就会让一些不太懂行的用户看得一头雾水。

图 4-18 某电脑的广告文案

第 4 章　文案运营，必学之技

当然，专业术语并不是完全不能使用，而是要控制使用量，并且适当对专业术语进行解读，让受众知道文案中专业术语表达的意思，把专业内容变得通俗化。

4. 突出重点

文案主题是整个文案的生命线，作为一名文案人员，其主要职责就是设计和突出主题，要以内容为中心，要花时间用心创作，确保主题的绝妙性。整个文案的成功主要取决于文案主题的效果。

在任何一个文案中，中心往往是最为醒目的，也是文字较为简洁的，在广告类文案中，中心内容甚至只有一句话。如图 4-19 所示，该文案主要是向用户展示"世界七大奇迹"，所以该视频中直接用比较大的字号展示出来，放在了视频画面的上方，让用户一看就能明白。

图 4-19　用大号字体显示的文案

需要注意的是，写手要想突出文案的中心内容，还要提前对相关的受众群体有一个定位，比如一款抗皱能力突出的衬衣，其相关的定位应该从 3 个方面入手，如图 4-20 所示。

图 4-20　衬衣文案的内容定位

除了醒目的中心内容外，文案中的重点信息也必须在一开始就传递给受众。优秀的文案应该是简洁突出重点，适合产品、适合媒介、适合目标群体的，形式上不花哨更不啰唆。

4.2.2 加强个性表达

形象生动的文案表达,能够营造出画面感,从而加深受众的第一印象,让受众看一眼就能记住文案的内容。对于文案写手而言,每一个优秀的文案在最初都只是一张白纸,需要创作者不断地想出好的创意,添加新的内容,才能够最终成型,成为一篇优秀的文案。短视频运营者要想更有效地完成任务,就需要对相关的工作内容有一个完整认识。

一个生动形象的文案可以通过清晰别样的表达,吸引受众关注,在快速让受众接收内容的同时,激发受众对文案中产品的兴趣,从而促进产品信息的传播。

4.2.3 内容精准定位

精准定位同样属于对文案的基本要求之一,每一个成功的广告文案都具备这一特点。图 4-21 为两个女装的广告文案。这两个文案的成功之处在于,它根据自身定位,明确指出目标消费者是小个子女生,能够快速吸引大量精准用户的目光。

图 4-21　女装广告文案

对写手而言,要想做到精准的内容定位,可以从 4 个方面入手,如图 4-22 所示。

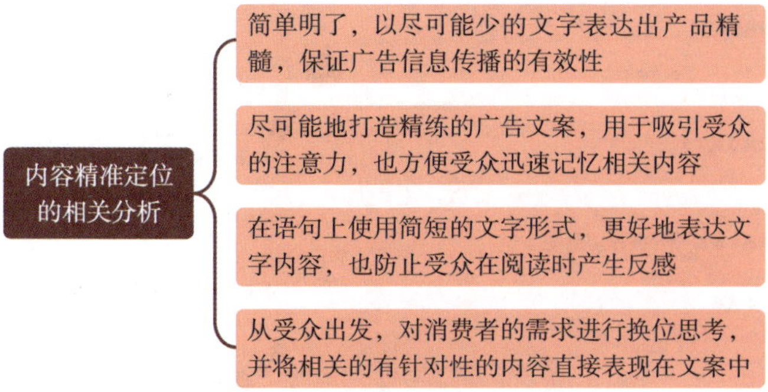

第4章 文案运营，必学之技

图 4-22 内容精准定位的相关分析

4.2.4 评论文案技巧

说到文案，大多数运营者可能更多的是想到短视频的内容文案。其实，在短视频的运营过程中还有一个必须重点把握的部分，那就是评论区文案。下面我们就来具体分析评论区文案的写作技巧。

1. 根据视频内容自我评论

短视频文案中能够呈现的内容相对有限，这就有可能出现一种情况，就是有的内容需要进行一些补充。此时，运营者便可以通过评论区的自我评论来进一步表达。另外，在短视频刚发布时，可能看到的用户不是很多，也不会有太多用户评论。如果进行自我评论，也能从一定程度上起到提高用户评论量的作用。

2. 通过回复评论引导用户

除了自我评价补充信息之外，短视频运营者在创作评论文案时，还需要通过回复评论解决用户的疑问，引导他们的情绪，从而提高产品的销量。如图4-23所示，电商在广告短视频发布后，对评论中一些用户的疑问进行回复，消除用户的后顾之忧。当疑问得到解答，用户的购买需求自然会得到一定的提升。

3. 评论的注意事项

回复视频评论看似是一件再简单不过的事，实则不然。因为在进行评论时有一些需要注意的事项，具体如下。

图 4-23 通过回复评论引导用户

1) 第一时间回复评论

运营者应该尽可能地在第一时间回复用户的评论,这主要有两个方面的好处:一是快速回复能够让用户感觉到你对他们很重视,这样自然能增加用户的好感;二是回复评论能够从一定程度上增加短视频的热度,使更多用户能够看到。

那么,如何做到第一时间回复评论呢?最有效的方法就是在短视频发布后的一段时间内,及时查看用户的评论。一旦发现有新的评论,便在第一时间做出回复。

2) 不要重复回复评论

对于相似的问题,或者同一个问题,短视频运营者的回复最好不要重复,这主要有两个原因:一是很多用户的评论中或多或少会有一些营销的痕迹,如果重复回复,那么整个评价界面便会看到很多有广告痕迹的内容,而这些内容往往会让用户产生反感情绪。二是相似的问题、点赞相对较高的问题会排到评论的靠前位置,抖音运营者只需对点赞较高的问题进行回复,其他有相似问题的用户自然就能看到。这样做可减少回复评论的工作量,节省大量的时间。

3) 注意规避敏感词汇

对于一些敏感的问题和词汇,运营者在回复评论时一定要尽可能地规避。如果问题避无可避,可以采取迂回战术,如不对敏感问题做出正面回答,用一些其他意思相近的词汇或用谐音代替敏感词汇。

4.2.5 文案打造禁区

与硬广告相比,文案不仅可以提高品牌的知名度、美誉度,而且发布在门户站点的文案更能增加网站外链，提升网站权重。然而，想要撰写出一个好的文案并非易事，它对写作者的专业知识和文笔功夫有着很高的要求。

不少运营人员在创作文案时，往往因为没有把握住文案编写的重点事项而导致短视频运营以失败告终。下面就盘点一下文案编写过程中需要注意的禁忌事项。

1. 中心不明确

有的文案人员在创作时喜欢兜圈子，可以用一句话表达的意思非要反复强调，不但降低文章的可读性，还可能会令读者失去耐心。尽管文案是广告的一种，但是它追求的是"润物细无声"，在无形中将所推广的信息传达给目标客户，过度地说空话、绕圈子，会有吹嘘之嫌。

此外，文案的目的是推广，因此每个文案都应当有明确的主题和内容焦点，并围绕该主题和焦点进行文字创作。然而，有的写手在创作文案时偏离主题和中心，导致受众一头雾水，营销力也就大打折扣。广告文案的主要目的是营销，而如果在一个文案中既看不到品牌，也看不到任何营销推广的意图，那这就是一个中心主题不明确的典型文案了。

2. 有量没有质

有的运营者一天会发几十个文案到各大网站中，事实上，文案营销并不是靠数量就能取胜的，更重要的还是质量，一个高质量的文案胜过十几个一般的文案。然而事实却是，许多运营者为了保证推送的频率，宁可发一些质量相对较差的文案。例如，有的短视频账号几乎每天都会发布短视频，但是原创内容却很少。而这种不够用心的文案推送策略所导致的后果往往就是，内容发布出来之后却没有多少人观看。

除此之外，还有部分运营者仅仅将内容的推送作为一个自己要完成的任务，只是想着要按时完成，而不注重内容是否可以吸引到目标用户，有的运营者甚至会将完全相同的文案内容进行多次发布。像这一类的文案，质量往往没有保障，并且点击量等数据也会比较低。

针对"求量不求质"的运营操作误区，运营者应尽量避免呢，具体方法为：第一，加强学习，了解文案营销的流程，掌握文案撰写的基本技巧；第二，聘请专业的文案营销团队，他们的业务范围不像广告公司和公关公司那样广，能够专注于文案撰写，文案质量较高。

3. 出现各种错误

众所周知，报纸杂志在出版之前，都要经过严格审核，保证文章的正确性和逻辑性，一旦出错可能需要追回重印，损失巨大。文案中常见的错误包括文字、数字、标点符号书写有误，以及逻辑错误等方面，文案撰写者必须严格校对，防止错误的出现。

（1）**文字错误**。文案中常见的文字错误为错别字，如一些名称错误，包括企业名称、人名、商品名称、商标名称等。对于文案尤其是营销文案来说，错别字可能会影响文案的质量，降低文案可信度。

(2) 数字错误。参考我国《关于出版物上数字用法的试行规定》及有关要求，数字的使用有 3 种情况：一是必须使用汉字；二是必须使用阿拉伯数字；三是汉字和阿拉伯数字都可用，但要遵守"保持局部体例上的一致"的原则。在报刊等文章校对检查中错得最多的就是第三种情况。例如，"1 年半"应为"一年半"，"半"也是数词，"一"不能改为"1"；再如，夏历月日误用阿拉伯数字，如"8 月 15 中秋节"应改为"八月十五中秋节"。

此外，较为常见的还有数字丢失，如"中国人民银行某年第一季度社会融资规模增量累计为 5.58 亿元"。我们知道，一个大型企业每年的信贷量都在几十亿元以上，整个国家的货币供应量怎么可能只有 5.58 亿元？所以，根据推测应该是丢失了"万"字，应为"5.58 万亿元"。

(3) 标点错误。在文案创作中，标点符号错误是应该尽力避免的。常见的标点错误包括：一是引号用法错误。这是标点符号使用中错得最多的。不少报刊对单位、机关、组织的名称，产品名称、牌号名称都使用了引号。其实，只要不发生歧义，名称一般都不用引号。二是书名号用法错误。证件名称、会议名称（包括展览会）不用书名号，但有的报刊把这些都用书名号标注，这是不合规范的。三是分号和问号用法错误。这也是标点符号使用中错得比较多的。例如，两个半句，合在一起构成一个完整的句子，但中间也用了分号。有的句子已很完整，与下面的句子并无并列关系，应该用句号，却用成了分号，这也是不对的。

(4) 逻辑错误。所谓逻辑错误是指文案的主题不明确，全文逻辑关系不清晰，存在语意与观点相互矛盾的情况。

4. 脱离实际

文案，多是关于企业产品和品牌的内容，这些产品和品牌是处于具体市场环境中的，其所针对的目标也是市场中具有个性特色的消费者。因此，不了解具体的产品、市场和消费者情况是行不通的，其结果必然是失败的。

所以，在编写和发布文案时，必须进行市场调研，了解产品情况，才能写出切合实际、能获得消费者认可的文案。在文案编写过程中，应该充分了解产品，具体分析如图 4-24 所示。

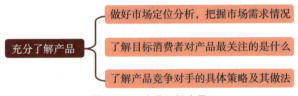

图 4-24　充分了解产品

从消费者方面来说，运营者应该迎合消费者的各种需求，关注消费者的感受。那么文案自然也要研究消费者的心理需求，具体分析如下。

(1) 安全感。人是趋利避害的，内心的安全感是最基本的心理需求，把产品的功用和安全感结合起来,是说服客户的有效方式。例如,新型电饭煲的平台销售文案写道"电饭煲在电压不正常的情况下能够自动断电,有效防范用电安全问题。"这一要点的提出,对于关心电器安全的家庭主妇一定是个攻心点。

(2) **价值满足感**。得到别人的认可能够让人产生一种自我价值实现的满足感,因此将产品与实现个人的价值感结合起来可以打动客户。例如,某豆浆机的文案为"当孩子们吃早餐的时候,他们多么渴望不再去街头买,而是喝上刚刚榨出来的纯正豆浆啊!当妈妈将热气腾腾的豆浆端上来的时候,看着手舞足蹈的孩子,哪个妈妈会不开心呢?"一种做妈妈的价值感油然而生,会激发为人父母的消费者的购买意愿。

(3) **支配感**。每个人都希望自己有支配的权利,支配感不仅是对自己生活的一种掌控,也是源于对生活的自信,更是文案要考虑的出发点。例如,多年前,移动通信推出的"动感地带"电话服务套餐,其广告语为"我的地盘听我的",个性化的广告语赢得了很多年轻人的青睐,甚至到了今天还被很多人津津乐道。

(4) **归属感**。归属感实际就是标签,即你是哪类人,是"时尚青年"还是"成功人士",每个标签下的人都有自己特有的生活方式。例如,针对追求时尚的青年,销售汽车的文案可以是"这款车时尚、动感,改装也方便,是玩车一族的首选。"对于成功人士或追求成功的人士可以写"这款车稳重、大方,开出去见客户、谈事情比较得体,也有面子。"

第 5 章
爆品营销，带货王子

对于运营者来说，产品的销量关系到自身的收入。也就是说，如果将产品打造成爆款商品，便可获得较为可观的收入。那么，如何批量化地制造网红商品呢？本章将从爆品的制造、占领目标市场和借助营销引爆销量 3 个方面分别进行解读。

第 5 章　爆品营销，带货王子

5.1　爆品的制造

5.1.1　制造爆品的关键点

对于短视频运营者来说，爆品的打造首先就是要把握好制造爆品的关键，这里的关键包括如下几点。

1. 找准用户，针对营销

打造一款成功的爆品，关键的一点就是——找准用户，进行针对性营销。作为爆品的设计者，运营者要清楚地了解消费者，最好还能生动形象地描述出消费者的各种特性及其喜欢的生活状态，并在此基础上有针对性地进行营销。

那么，应该如何找准目标用户呢？方法有两种，一种是根据年龄来分段，另一种是按照兴趣爱好来划分，下面依次为大家介绍。

1) 根据年龄分段

营销活动与人密不可分，研究营销之前一定要先了解人，打造爆品更少不了对消费者心理的掌控。为客户提供"对症下药"的商品是很有必要的，举个例子，同样是面膜，不同年龄段的消费者对其功能的需求可能会不尽相同。20 岁左右的消费者可能比较需要护肤补水型的面膜，而 40 岁左右的消费者则可能更需要抗衰老型的面膜。此时，我们需要做的就是根据消费者的需求进行有针对性的营销。

在营销当道的时代，为了寻找到特定的目标消费群体，了解他们独有的消费需求，就应该学会为不同类型的消费者提供相对应的产品或服务。如果不这么做，就很难找准受众，那么打造爆品也就成了空谈。因此，要学会根据年龄分段去明确目标消费群体，而不是盲目地打造产品。你可以利用这些群体年纪相仿的特性，找到他们的共性。然后，根据他们的共同特征，尝试着就他们感兴趣的事物进行交流。如此一来，运营者就能准确把握他们的想法和需求，从而打造出受人欢迎的爆品。

根据年龄来分段的要点包括：第一，消费者的划分范围为 5 岁；第二，与消费者深入交流；第三，形容消费者的情况。

2) 按照兴趣爱好划分

按照兴趣爱好或需求来划分，是根据消费者的喜好对其进行分类。例如，喜欢看电影的人都是享受影院氛围的人群，喜欢小米手机的可能是喜欢创新的科技爱好者。由此不难看出，相同类型的人对品牌的喜爱是建立在共同的兴趣爱好上的。运营人员需要明确的是，打造成功的爆品就需要抓住消费者的特点，从而找准目标消费群体，进行针对性营销。

根据兴趣爱好划分的要点包括：第一，符合消费者心意；第二，缩小目标范围，击中消费者的痛点；第三，设计消费场景，打动消费者的心。

无论销售什么产品，都应该对消费者进行目标锁定，可以按照年龄阶段划分，也可以根据兴趣爱好区别，总之要找准目标消费群体。这样的话，我们就可以顺利地找到他们的消费需求，从而更好地进行针对性的营销。

2. 满足需求，直击痛点

短视频运营者如何让自己的产品成为爆品呢？第一要素是满足消费者的诉求；第二要素是做好产品营销。简而言之，就是留住部分消费者和满足消费者的真实需求。

1) 寻找并满足需求

为了满足消费者的需求，先要找到消费者的真实需求。寻找需求的过程可总结为三大步骤：第一，找到包含部分消费者的市场；第二，亲自体验消费过程；第三，挑出产品和消费过程中的不足，并进行改进。

以某地区种植的一款有机米为例，为了将产品推销出去，销售者一开始将其定位为绿色健康食品，并强调此产品对人的身体有数不清的好处。而该产品所指向的可食用人群跨度十分大，从宝宝到中老年人群都可以食用。不过，这款有机米产品的定位偏高端，定价也偏高。虽然企业在广告投放方面花了大价钱，但销售业绩却没有得到相应的回报。那么，这家企业的营销到底哪里出错了？

通过总结，企业发现了自己之前走入的几个误区：目标受众跨度太大；定价不太合理；"有机"并不是强需求。

为了将这款有机米推销出去，该企业最终找到了两大解决方法，即集中关注部分消费者，将目标定位为5岁以下的孩子；挖掘部分消费者的强需求，将奶粉过敏且肠胃功能弱的孩子作为主要消费群体。在此基础上，企业特地为产品取了贴切而生动的名字——"宝宝米"。通过改进，该产品销量有了明显提升。

2) 击中消费者痛点

在通过广告打造品牌的时代，企业和商家都在强调卖点的重要性，即产品的优势及特征。与卖点不同，痛点强调的是消费者的诉求和体验，主要是从消费者自身出发的。例如，小米击中了大多数消费者觉得智能手机价格太高的痛点，支付宝、微信支付解决了很多人觉得带现金出门麻烦的痛点。而打造爆品的重点就在于能够准确击中消费者的痛点。

以一款免熨衬衫为例，为了击中消费者的痛点，营销者首先就应该找到并总结归纳所有普通衬衫的痛点，如熨衬衫的次数太多很麻烦、普通衬衫没有定制的尊贵感、现有的免熨衬衫价格太贵、衬衫颈部的标签易引起过敏等。然后根据这些痛点，对这款免熨衬衫进行包装和设计，全面击中消费者的痛点，使其成为爆款产品。

总之，痛点就是通过对人性的挖掘全面解析产品和市场；痛点就潜藏在消费者的身上，需要去探索和发现；痛点就是正中消费者的下怀，使他们对产品和服务产生渴望和需求。

3. 及早入场，抢占心智

在打造爆品时，运营者比对手先下手就意味着拥有了赢在起跑线上的优势。在互联网发展得如火如荼的时代，不仅要把握好内容打造和发布的速度，还要以"快"来指导产品对市场的占领。除此之外，抢先一步占领消费者的心智和头脑也很重要。

消费者的心智和头脑综合起来就是其对产品的看法和定位。通俗一点说，就是消费者脑海里浮现出某个名称、品种、观点和事物时，最先想到的品牌和产品。例如，大自然的搬运工——农夫山泉，我的眼里只有你——娃哈哈纯净水，送礼就送——脑白金等。

那么，为什么要抢占消费者的心智呢？主要有两个原因，一是消费者接收的信息太多太杂，如果不能抢占消费者对产品的定位，将难以在消费者心中留下深刻的印象；二是消费者需要的产品大多数包含各种品牌，如果运营者的产品不能抢占消费者对产品的定位，那么该产品将很难与这些品牌竞争。

因此，运营者需要比对手更早进场，全面且深入地占领消费者的心智和头脑，稳稳扎根于消费者之中。

以某有机辣酱为例，这是一款时尚新鲜的有机产品，其产品特色包括无转基因、无农药和无化肥。如果把它与传统的辣酱相对比，运营者就会发现这款辣酱的不足与优势所在，如图 5-1 所示。

辣酱类别	传统辣酱	某有机辣酱
优点	比较开胃、保质期长	香而不腻、辣而少油、健康营养
缺点	太油腻、口味重	冷藏储存、保质期短、开罐 7 日内即食

图 5-1 某有机辣酱与传统辣酱的比较

面对这样的状况，该有机辣酱为了成为爆品，努力深挖产品特质，即新鲜和有机绿色。于是"鲜"就成了该有机辣椒酱的主打口号，连该品牌的微博头像都竭力突出一个"鲜"字。

值得注意的是，比对手更早入场也要注意不能太过急躁，不能为了打造爆品而犯错，如无限扩大抢占目标受众的范围，纯粹用广告获得消费者对产品的认可等。

4. 提高颜值，留好眼缘

在这个颜值当道的时代，无论是人还是产品，都十分注重颜值。美的事物是人人都会追求的，因此颜值高的产品往往都能在第一眼就把消费者吸引住，从而变成人人都爱的爆品。

作为爆品，如果没有美丽大方的外观是很难成功的，原因是消费者对产品的初次印象举足轻重，同时产品颜值高才能更好地被展示。

如何对产品的颜值进行检测，达到高颜值的标准，从而成为爆品呢？首先是测验的方法，主要分为自测法与他测法。自测法就是自行打造高颜值的产品，如产品颜色以纯色为主，或者趋于简洁、产品线条比较流畅、潮流时尚的产品外形设计等；而他测法则是从其他地方测试产品的颜值，如征集消费者对产品外形的意见、让网友对产品设计进行点评、把产品与其他同类型产品进行比较等。

在提升产品颜值方面，建议企业可通过了解出色的设计作品、学习并加上创新元素、聘请专业的设计团队等方式，对产品进行设计和包装。

可以说，产品有了高颜值，再加上其他方面的优势，想要成为爆品绝不是一件难事，毕竟高"颜值"的事物大多是深受消费者喜爱的。

5.1.2 提供良好的消费体验

一个产品应该拥有让人尖叫的优势，意思就是能够为消费者提供良好的消费体验，让其在使用产品的过程中对产品和相关服务产生的一种认知和体验，这种体验的好坏直接影响了消费者是否会对产品产生好感，从而进行二次购买。

很多企业和商家都无法提供让消费者满意的消费体验，原因就在于他们没有很好地发挥自己的优势，又或者没有站在消费者的角度仔细考虑。打造消费体验的原因可总结为：用户体验决定产品或服务的价值；用户体验决定其是否值得传播；用户体验决定是否进行二次购买。

以某品牌服饰店为例，它不仅全面体现出了自身优势，而且全心全意为消费者考虑，做到了把消费者的体验放在第一位。店铺特别注重在产品的细节方面带给消费者的体验，如一款女式衬衣，在产品的设计上，尤其专注于细节方面的打造，包括简洁的领口设计，注重舒适体验；绑带的镂空设计，注重时尚体验；不规则的下摆设计，注重个性体验。服饰店对产品的细心打造为消费者提供了优质的体验，因此赢得了不少消费者的好评和认同。

为消费者提供优质的体验需要倾注全部的心血，不仅如此，还要学会从消费者的角度出发为其考虑，知道他们需要什么样的产品和服务，才能打造出受人欢迎的爆品。

1. 根据需求定位产品

许多生产厂家的一贯思路就是先进行产品定位，然后根据产品定位进行营销，将产品推销给目标消费者。这种营销方式虽然针对性强，但是因为市场中同类型的产品比较多，难以突出产品的特色，所以产品通常很难达到理想的营销效果。

其实，如果运营者能够转换一下思路，就可能获得意想不到的效果。例如，生产厂家可以根据消费者的需求定位产品，找到消费者需求较为强烈而市场又相对缺乏的产品，打造具有特色的产品。

例如，夏季到了，天气炎热，许多人在家里都是吹空调和风扇，但是外出的时候空调和普通风扇是无法随身携带的。于是，部分厂家推出了手持小风扇，并将其可随身携带的特点作为营销重点。该产品推出之后，受到了消费者的热烈欢迎。图5-2为某店铺手持小风扇的销售界面，可以看到其月销量超过了7万个。

第 5 章　爆品营销，带货王子

图 5-2　某店铺手持小风扇的销售界面

2. 设计产品营销体系

产品怎样进行营销才能更好地打造爆品呢？运营者可以重点从以下 4 个方面设计产品营销体系，全面地对产品进行营销，在提高产品知名度的同时，刺激消费者的购买需求。

(1) **产品（或服务）**。消费者购买的是产品（或服务），因此对于短视频运营者来说，如何根据产品进行营销，让消费者看到产品的特色和优势是非常关键的。毕竟，对于相对理性的消费者来说，只有当他们认为是自己需要的产品（或服务）时，才会选择进行购买。

(2) **品牌**。对于部分消费者来说，产品的品牌是做出购买决定的重要参考因素。因为在他们看来，知名度高、口碑好的品牌，其旗下的产品往往更容易让人放心。对此，运营者在进行营销时，一方面可以将品牌的知名度和口碑作为一个宣传重点；另一方面也需要想办法提高品牌的知名度和口碑，增强品牌的信服力。

(3) **价格**。产品的价格一直以来都是消费者购买产品时的重要参考因素之一。如果产品具有价格优势，短视频运营者便可以将其作为一个营销重点，吸引消费者下单消费。

(4) **渠道**。一般情况下，营销的渠道越多，营销的效果就会越好。对此，运营者可以结合短视频平台、电商平台，以及各大新媒体平台进行营销，提高产品的传达率和知名度。

5.2　占领目标市场

产品的打造有赖于各方面的共同作用，为了通过打造产品来树立企业口碑，就应该做好产品定位、细分找切入点和抓住长尾市场，以精准占领目标市场。在移动互联网时代，产品的打造环节更为复杂，但又更加快速，这也决定了企业和产品应该通过精准占领目标市场，打造爆品。

▶ 5.2.1 做好产品定位

利用产品打造来树立口碑和精准占领目标市场，首先需要明确的是如何对产品进行定位。产品定位，具体而言就是根据消费者或者消费市场的诉求来设计相对应的产品，使消费者得到满足。

在对产品进行定位之后，就会对产品的设计及宣传的方法进行相关的定型，这样将大大有利于产品口碑的打造。可以说，产品定位决定了产品的口碑，如果一个产品的定位不准确，那么它的口碑很难树立起来，自然也就无法精准占领目标市场了。

那么，具体应该如何对产品进行定位呢？下面将详细介绍利用产品定位进行口碑打造、精准占领目标市场的相关要点。

1. 以产品定位为中心

想要利用产品定位树立企业的良好口碑，从而精准占领目标市场，最重要的就是营销不能脱离定位。虽然很多企业会给产品准确的定位，但它们往往会忽略产品定位与营销之间的联系，从而酿成"事倍功半"的后果，造成金钱和时间的双重浪费。在对一个产品进行定位时，需要考虑的因素大致可总结为：产品外观的设计；主要面向的消费群体；产品具备的主要功能。

如果企业已经确定了产品的定位，就应该把口碑营销的设计与产品的定位相结合。在进行营销时，也不能忽视产品定位考虑的因素，切记一切都要以产品定位为中心，如此才能打造企业的良好口碑。

2. 增加消费者喜爱的因素

企业在对产品定位时，一般都会对目标消费人群进行锁定，也就是在产品诞生之前或诞生之初就会想着要把产品主要销售给谁。在明确了目标消费人群之后，为了能够更有把握地吸引他们，企业最明智的做法就是在产品中加入消费者喜爱的因素，比如美观的包装、实用的功能等。

在营销的过程中也要有意强调这些特别的因素，有效引起目标消费人群的兴趣，让他们被产品折服，从而使得企业和产品的口碑打造变得更加容易。

以小米运动蓝牙耳机为例，这款产品主要面向热爱运动的消费人群。在设计前，企业的研发团队就注意到，随着社会竞争的不断加剧，一些人特别是年轻人喜欢通过运动的方式来减压，在运动的过程中少不了音乐的陪伴，但很多耳机都不太适合运动时使用，因此企业设计了这款运动蓝牙耳机，是为运动人群量身打造的。

3. 把产品做到极致

想要对产品的定位进行扩展，获得更多消费者的喜爱和支持，就要保证产品的质量和功能。因为只有质量达标，功能实用且丰富，才能更加有效地吸引消费者，从而打造良好的口碑。因此，最好的办法就是把产品做到极致，让产品自己强大起来，这样一来就能利用定位增添底气，拓宽范围，而不仅仅局限于小部分消费人群。

以小米公司为例，它在诞生之初就是以"为发烧而生"为基本原则，意思就是要把产品做到最好。小米产品一直坚持"死磕极致性价比"，为消费者带来了一款又一款充满惊喜的产品，其创始团队对数码有着深厚的兴趣，因此坚守原则，只为科技本身。小米公司的成功定位，促使其发展越来越好，同时也大力推动了口碑营销，获得了电子产品爱好者和科技痴迷者的追捧和支持，从而为企业树立了口碑。

5.2.2 细分找切入点

在打造产品之前，需要通过细分市场找到打造产品的切入点，只有这样，才能精准地占领消费者市场。在对市场进行细分时需要注意的问题是给产品定好位；给市场进行分类；明确企业和店铺的发展方向。

有些企业在对各方面都不了解、一头雾水的情况下，就开始对产品进行打造，但实际上这种做法的效率不高，因为企业打造出来的产品针对性不强，往往与市场的需求不对口。因此，企业需要做的就是细分市场，把自己的产品与市场的需求结合在一起，不求大求多，只求精且有效。为了找到打造产品的切入点，更好地吸引消费者的注意力，企业要在市场的细分上下大功夫。一方面要注意了解市场的动态和趋势，另一方面要让企业的产品跟上市场的步伐和布局，做到精准出击，一击即中。如此一来，就能打造出正中消费者下怀的产品，得到消费者的认同和支持，从而树立起牢固的口碑。

比如某文化公司为了打造好产品，对市场进行了有效细分，专注于微信公众号这一单点运营，并由此衍生出多个精品，形成了口碑。

对于市场的细分一定要重视，不然只会导致产品与市场的错位，从而浪费很多资源。为了节省时间和资源，打造最佳效果的产品，细分市场、精准出击才是正确的选择。总之，要注重各方面细节，做到谨小慎微、一丝不苟。

5.2.3 抓住长尾市场

市场需求大致可以分为两类，一类是主流的需求，这部分需求被称为头部需求；另一类则是相对个性化的、小众的需求，这部分需求被称为尾部需求。

大多数短视频运营者在给产品定位时，想的可能是提供大多数人都能用的产品。殊不知，这样的产品，做的人往往也是比较多的。而那些需求量较少的，也就是我们说的长尾需求，却往往容易被忽略。其实，只要抓住了长尾需求，小众产品也能创造出巨大的价值。

在打造产品的过程中，可以通过产品特色更好地吸引消费者。打个简单的比方，如果一个长相平平、没有任何特点的人走在人群中，肯定不会引起多少人的关注，但如果是一个长得漂亮或者是丑陋的人就会使得别人多看几眼。在这里，"漂亮"和"丑陋"就是人拥有的特色，产品也是如此。

在打造产品的时候，应该通过几方面给产品注入特色：第一，外观设计要新颖；第二，功能要有亮点；第三，宣传方式要独特。由此可见，为产品注入特色不仅是从产品本身入手，还要兼顾产品的营销过程。因为打造产品的目的是赢得消费者的喜爱，并树立好口碑，所以运营者不能忽视任何一方面。

以亚马逊为例，它有部分产品十分热销，同时它也懂得抓住剩下的市场，因为其他产品加起来的销量与热销的产品份额差不多，这就是"长尾效应"，也是一种打造口碑的巧妙途径。

为了树立企业的口碑，产品的个性是绝对不能放松的，这是关键。当然，为了最大限度地得到消费者的认可，也要学会抓住长尾，做到头尾两不误。

5.2.4 对比突出优势

打造产品还可以借助比衬（对比衬托）这一行之有效的方法。想要通过打造产品来赢得市场口碑，吸引消费者的购买力，也可以借助其他知名品牌的名气。通俗地说，就是借势为自己的产品打广告、做宣传。一般而言，这种方法是为新兴企业打响自己的品牌而量身定做的，因为单单靠运营者自身的力量而被消费者熟知，并快速地树立企业的口碑，是一件充满挑战性的事情。

因此，短视频运营者一方面要保障好产品的质量，另一方面也要学会借由对比突出自身。下面将详细介绍具体的操作方法。

1. 产品兼顾质量和特色

虽然是利用其他品牌来进行比衬，但运营者切记要注重自身产品的质量，具体要做到"三要"，即要有品质、要有个性、要有亮点。

如果产品自身毫无特色，而且质量又不过关，那么借助对比突出的就是产品的缺点和不足，效果只会适得其反。反之，产品将会利用自己的独特优势获得消费者的赞同，从而迅速树立一个好的口碑。

以小米为例，其良好的功能和美观的设计一直被消费者所喜爱，同时也经常与苹果相比衬。众所周知，苹果手机一直以来是行业中的佼佼者，其功能和外观是相当出色的。那么，小米的优势在哪儿呢？笔者认为其最为显著的优势当数极高的性价比，同样是功能相近的智能手机，小米手机的价格往往要比苹果低得多，这也是许多人成为"米粉"（小米粉丝）的重要原因。

2. 与知名品牌比较

在选择其他企业作为对比参考的时候，要有相应的标准，不能随意乱找，敷衍了事，因为你选择的对比对象，也将影响你自身的高度。具体来说，选择的对比对象要满足的条件为市场业绩要高、声誉要好、知名度要高。

选择这样"靠谱"的对象进行比较，对于企业和店铺本身来说是比较有利的，因为大品牌往往已经形成了固定的消费群体和强大的影响力，借助大品牌的势头能够快速吸引消费者的关注，从而打造口碑，更精准地占领目标市场。

3. 不能一味地贬低别人

在通过比较突出自身品牌时，切忌不能走偏。比较的实质是借势，而不是通过贬低别人而抬高自己。在比较的过程中运营者需要明确两点：一是比较不等于"否定"；二是比较时不能恶意诽谤。

有些企业在比较的过程中没有找对方向，或者没有把握好尺度，就会走入"歧途"，做出对其他品牌不利的事情，比如故意抹黑、雇佣水军等。这样做带来的结果只会让企业陷入恶意竞争的怪圈，严重的话可能会影响企业的声誉。

不管怎样，如果想要通过比较这种方式博得更多关注，打造口碑，就应该把好产品的质量关，寻找正确的比较参考，以便突出自身产品的特有优势。只有这样，才能吸引众多消费者的眼球，继而得到他们的喜爱和追捧。

当然，短视频运营者也要明确注意比较的注意事项，以免走向错误的方向，无法得到理想的结果。

▶ 5.2.5 赋予精神力量

一款产品设计的好坏可能会左右人的情绪，从某种角度来讲，产品也能给人带来一种精神的力量，比如激励、积极和阳光等。这些都是由于在打造产品的过程中，为产品加入了"鸡汤"的元素。使人心情愉悦的产品需要具备以下几个要素。

(1) 看：美观的外形。
(2) 吃：可口的味道。
(3) 听：动听的音乐。
(4) 用：实用的功能。

因为企业打造的产品功能都相差无几，所以很多时候消费者将注意力集中在了情感和精神方面。运营者应通过几个细节给产品注入正面的能量。

1. 注重产品细节和外观

产品在外观设计上应打造得美观大方，而且要注重产品细节的打磨，带给消费者一种美的感受，为消费者提供最优质的产品体验，让其感受到产品中渗透着积极的精神。

2. 为产品添加文化内涵

除了外观设计，产品传达的内涵和文化也需要加点"鸡汤"。这样一来，消费者只要一看到产品，就会自动联想到企业和产品独有的内涵，以及产品中蕴含的力量。

以华为打造的荣耀系列手机为例，它在营销过程中推出了"勇敢做自己"的宣传片对产品进行推广，吸引了广大年轻群体的目光，也传递了荣耀手机所含有的积极向上的精神。

3. 展示传统文化的精华

短视频运营者可以把传统文化中的精华部分也结合起来，这样的话，既可以赋予产品更深厚的含义，也可以助力优秀传统文化的继承和发扬。一个产品如果与优秀传统文化挂钩，就很有可能打动消费者的心，并迅速树立企业的口碑。

以知名白酒品牌"孔府家酒"为例，它就成功地在产品和营销手段上运用了传统文化，其具体的做法为：产品名字中带有"家"字；广告语为"孔府家酒，叫人想家"；推出"回家篇"广告。"孔府家酒"在产品中巧妙地融入"家"的优秀传统文化，唤起了无数消费者对家的记忆和想念，成功把品牌文化和大众的普遍情感相结合，从而使得消费者对产品产生一种特别的情感，为产品打造了坚不可摧的口碑效应。

4. 正能量广告

企业可以通过打造消费者的专属广告来传递积极向上的精神，这种方法的好处就在于让品牌推广不那么生硬，而且无限贴近消费者的真实状态，从而使得消费者变得能量满满，为企业的文化和品牌所折服。

为消费者量身打造的"鸡汤"广告，展示的内容可总结为：励志，激励人前进；表现家庭亲情；发扬社会公益精神。

需要注意的是，"鸡汤"广告虽然能带给消费者正能量，但也要注意不能无限度地使用，要与产品本身相结合，才能达到最好的效果。

总的来说，为产品浇上"鸡汤"是帮助产品精准地占领市场的有效方法，既可以为企业和店铺树立口碑，也可以推动产品的销量，可谓两全其美。

▶ 5.3　借助营销引爆销量

在当今社会，酒香还怕巷子深，如果不能掌握一定的营销方法，即便是再好的商品，可能也难以为人所知，更不用说变现赚钱了。

短视频运营者要想将产品前景和"钱景"握在手中，借助营销引爆销量，还得掌握一些必要的营销方法。

5.3.1 活动营销

活动营销是指整合相关的资源策划相关的活动，从而卖出产品，提升企业、店铺的形象和品牌的一种营销方式。通过营销活动的推出，能够提升客户的依赖度和忠诚度，更利于培养核心用户。

活动营销是各种商家最常采用的营销方式之一，常见的活动营销的种类包括抽奖营销、签到营销、红包营销、打折营销和团购营销等。许多店铺通常会采取"秒杀""清仓""抢购"等方式，以相对优惠的价格吸引用户购买产品，增加平台的流量。

图5-3为某店铺中卫生纸的"淘抢购"界面，该店铺举办优惠活动进行产品销售，实际上是典型的活动营销。

图5-3 某店铺中卫生纸的"淘抢购"界面

活动营销的重点往往不在于活动这个表现形式，而在于活动中的具体内容。也就是说，短视频运营者在做活动营销时需要选取用户感兴趣的内容，否则可能难以收到预期的效果。对此，运营者需要将活动营销与用户营销结合起来，以活动为外衣，把用户需求作为内容进行填充。比如，当用户因商品价格较高不愿下单时，可以通过发放满减优惠券的方式，适度让利，以薄利获取多销。

5.3.2 饥饿营销

饥饿营销属于常见的一种营销战略。要想采用饥饿营销策略，需要产品有一定的价值优势，并且品牌在大众心中有一定的影响力，否则目标用户可能并不会买账。饥饿营销实际上就是通过降低产品供应量，造成供不应求的假象，从而形成品牌效应、快速销售产品。

饥饿营销运用得当，产生的良好效果是很明显的，对店铺的长期发展也十分有利。图5-4为某白酒和面膜的饥饿营销相关界面，这二者便是通过以极低的价格销售有限数量商品的方式，使有需求的消费者陷入疯狂抢购之中。

图 5-4　白酒和面膜的饥饿营销相关界面

对于短视频运营者来说，饥饿营销主要可以起到两个作用：一是获取流量，制造短期热度；二是增加认知度。例如，白酒和面膜的此次秒杀活动中，受价格的影响，大量消费者会涌入该产品的购买页面。随着秒杀活动的开展，许多用户一段时间内对品牌的印象加深，品牌的认知度也获得了提高。

5.3.3　口碑营销

在互联网时代，消费者很容易受到口碑的影响，当某一事物受到主流市场推崇时，大多数人都会对其趋之若鹜。对于短视频运营者来说，口碑营销主要是通过产品的口碑，进而通过好评带动流量，让更多消费者出于信任购买产品。

常见的口碑营销方式主要包括经验性口碑营销、继发性口碑营销，以及意识性口碑营销。

1. 经验性口碑营销

经验性口碑营销主要是从消费者的使用经验入手，通过消费者的评论让其他用户认可产品，从而产生营销效果。图5-5为某店铺中某商品的评论界面。

第 5 章 爆品营销，带货王子

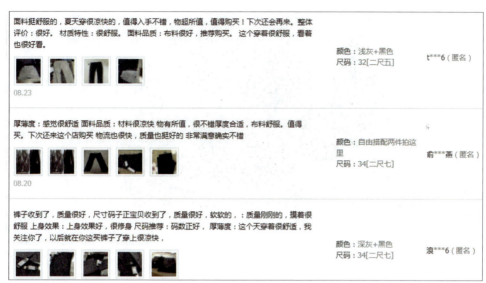

图 5-5 部分用户发布的商品评论

随着电商购物的发展，越来越多的人开始养成这样一个习惯，那就是在购买某件产品时一定要先查看他人对该物品的评价，以此对产品的口碑进行评估。当店铺中某件商品的总体评价较好时，产品便可凭借口碑获得不错的营销效果。例如，在上面这幅图中，绝大多数用户都是直接给出好评。当某一用户看到这些评价时，可能会认为该产品总体比较好，并在此印象下将之加入购物清单，而这样一来，产品便借由口碑成功营销。

2. 继发性口碑营销

继发性口碑的来源较为直接，就是消费者直接在短视频平台或电商平台上了解相关的信息，从而逐步形成的口碑效应。这种口碑往往来源于短视频平台或电商平台的相关活动。以"京东"为例，在该电商平台中，通过"京东秒杀""大牌闪购""品类秒杀"等活动，给予消费者一定的优惠。借助这些活动，"京东"在消费者心中形成了口碑效应。

3. 意识性口碑营销

意识性口碑营销，是由名人效应延伸的产品口碑营销，往往由名人的名气决定营销效果，同时明星的正面形象和粉丝效应也会进一步提升产品的影响力，打造品牌。图 5-6 为某化妆品的明星代言海报。

相比于其他推广方式，请明星代言的优势就在于，明星的粉丝很容易"爱屋及乌"，在选择产品时，有意识地将自己偶像代言的品牌作为首选，有的粉丝为了扩大偶像的影响力，甚至还会为明星代言的产品进行宣传。

图 5-6 某化妆品的明星代言海报

总而言之，口碑营销实际上就是借助从众心理，通过消费者的自主传播，吸引更多消费者购买产品。在此过程中，非常关键的一点就是消费者好评的打造，毕竟当新用户受从众心理的影响进入店铺之后，要想让其进行消费，还得先通过好评获得用户的信任。

第 6 章
视频拍摄，并非难事

对于短视频运营者而言，能不能吸引用户观看视频，引起用户的关注，其本质在于视频内容是否优质。运营者想要拍摄优质的短视频，不仅需要周全的剧本策划，而且需要进行人员分工和器材准备，同时运营者或其团队还要知晓相关的拍摄技巧。

6.1 拍摄前准备

在正式拍摄短视频之前，需要先做好准备工作，主要包括风格定位、了解算法、策划剧本、选择演员和选择场地。

6.1.1 风格定位

IP的全称为Intellectual Property，中文译为"知识产权"，具体含义为"权利人对其智力劳动所创作的成果和经营活动中的标记、信誉所依法享有的专有权利。"

如今，IP常常用来指代那些有人气的事物，包括现实人物、书籍动漫、影视作品、虚拟人物、游戏、景点、综艺节目、艺术品和体育等。换句话说，IP可以用来指代一切火爆的元素。图6-1为IP的主要特点。

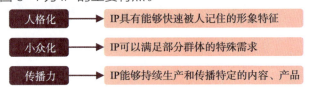

图6-1 IP的主要特点

在短视频领域中，个人IP就是基于账号定位形成的，而超级IP不仅有明确的账号定位，而且还能够跨界发展。下面总结了一些抖音达人的IP特点，运营者可以从中发现他们的风格特点，从而更好地规划自己的短视频内容，如表6-1所示。

表6-1 一些抖音达人的IP特点

抖音账号	粉丝数量	IP内容特点
一禅小和尚	4557.4万	短视频中的一禅小和尚善良活泼、聪明可爱，而他的师傅慧远老和尚则温暖慈祥、大智若愚，他们两人上演了很多有趣温情的小故事
❤会说话的刘二豆❤	4437.0万	该账号的主角是一只搞怪的折耳猫，而搭档"瓜子"则是一只英国短毛猫，运营者为它们配上诙谐的对话，加上两只小猫有趣搞笑的肢体动作，备受粉丝喜爱
多余和毛毛姐	3370.0万	因为一句"好嗨哦"的背景音乐而被大众熟知，其短视频风格有趣，让人捧腹大笑

通过分析上面这些抖音达人，我们可以看到，他们每个人身上都有非常明显的个人标签，这些就是他们的IP特点，能够让他们的内容风格更加明确和统一，让他们

第 6 章 视频拍摄，并非难事

的人物形象深深印在粉丝脑海中。

对于普通人来说，在这个新媒体时代，要变成超级 IP 也没有那么难，关键是我们如何去做。打造 IP 的方法和技巧，如图 6-2 所示。

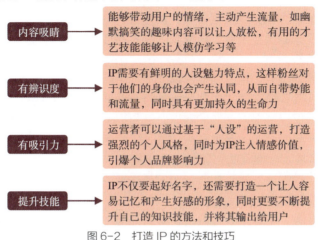

图 6-2　打造 IP 的方法和技巧

6.1.2　了解算法

要想成为短视频领域的超级 IP，我们首先要想办法让自己的作品"火"起来，这是成为 IP 的一条捷径。短视频的内容精彩是关键要素，但也有很多运营技巧，能够帮助用户提升短视频的关注量，而平台的推荐机制就是不容忽视的重要环节。

以抖音平台为例，发布到该平台的短视频需要经过层层审核，才能被用户看到，其背后的主要算法逻辑分为 3 个部分，分别为智能分发、叠加推荐和热度加权，如图 6-3 所示。

图 6-3　抖音的算法逻辑

6.1.3 策划剧本

短视频平台上的大部分爆款短视频，都是经过拍摄者精心策划的，因此剧本策划也是成就爆款短视频的重要条件。短视频的剧本可以让剧情始终围绕主题，保证内容的方向不会产生偏差。

在策划短视频剧本时，用户需要注意以下几个规则。

(1) 选题有创意。短视频的选题尽量独特有创意，同时要建立自己的选题库和标准的工作流程，不仅能够提高创作的效率，还可以刺激观众持续观看的欲望。例如，用户可以多收集一些热点加入选题库中，然后结合这些热点创作短视频。

(2) 剧情有落差。短视频通常需要在短短15秒内将大量的信息清晰地叙述出来，因此内容通常都比较紧凑。尽管如此，用户还是要脑洞大开，在剧情上安排一些高低落差，来吸引观众的眼球。

(3) 内容有价值。不管是哪种内容，都要尽量给观众带来价值，让用户觉得为你付出时间成本值得，来看完你的视频。例如，做搞笑类的短视频，那么就需要能够给用户带来快乐；做美食类的视频，就需要让用户产生食欲，或者让他们有实践的想法。

(4) 情感有对比。短视频的剧情可以源于生活，采用一些简单的拍摄手法，来展现生活中的真情实感，同时加入一些情感的对比，这种内容反而更容易打动观众，主动带动用户的情绪。

(5) 时间有把控。拍摄者需要合理地安排短视频的时间节奏，以抖音为例，默认为拍摄15秒的短视频，这是因为这个时间段的短视频是最受观众喜欢的，而短于7秒的短视频不会得到系统推荐，高于30秒的短视频观众很难坚持看完。

策划剧本就好像写一篇作文，有主题思想、开头、中间及结尾，情节的设计就是丰富剧本的组成部分，也可以看成是小说中的情节设置。一篇成功的、吸引人的小说必定是少不了跌宕起伏的情节，短视频的剧本也是一样，因此在策划时要注意3点，如图6-4所示。

图6-4 策划短视频剧本的注意事项

6.1.4 选择演员

在短视频平台上，对于真人出镜的短视频作品来说，系统会给予更多的流量倾斜。

因此,能够有真人出镜的机会,短视频运营者都不要错过。下面总结了一些拍摄短视频选择演员的技巧,如图6-5所示。

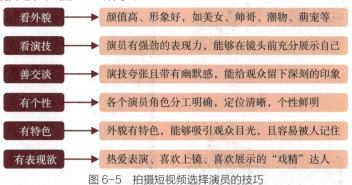

图6-5 拍摄短视频选择演员的技巧

当然,拍摄短视频需要做的工作还有很多,比如策划、拍摄、表演、剪辑、包装和运营等。举个例子,如果拍摄的短视频内容方向为生活垂直类的,每周计划推出2~3集,每集为5分钟左右,那么大概4~5个人就够了,分别负责编导、运营、拍摄和剪辑的工作。

6.1.5 场地选址

在选择短视频的拍摄场地时,运营者可以根据账号定位和剧情内容具体考虑。场地主要在短视频中对拍摄主体起到解释、烘托和加强的作用,也可以在很大程度上加强观众对拍摄主体的理解,让主体和主题都更加清晰明确。

一般来说,如果只是单单对拍摄主体进行展示,往往很难实现中心思想上的更多表达,而加上了场地环境,就能让观众在明白拍摄主体的同时,更容易明白拍摄者想要表达的思想与情感。

在选择短视频的拍摄场地时,用户可以选择一些热门的地点来借势,也能够获得不少平台的流量推荐。例如,青海的"天空之镜"茶卡盐湖、重庆的轻轨2号线、稻城的亚丁风景区、恩施的屏山峡谷、四川的浮云牧场、丽江的玉龙雪山、西安的"摔酒碗"、厦门的土耳其冰淇淋等,这些都是抖音中的"网红打卡地",吸引了很多拍摄者和游客前往,因此这些地方拍摄的短视频也极易被人关注,如图6-6所示。

在选择短视频的拍摄场地时,用户可以直接在短视频平台上搜索当地或附近的"网红"景点,这些地方不仅知名度高,而且人群聚集量也非常大。同时,发布短视频时也需要将地点标签选择在这个地方,这样系统就会首先将你的短视频推荐给附近的人看,从而获得更多观众的点赞和评论。另外,用户也可以选择一些存在争议或缺陷的场地来拍摄短视频,增强短视频的话题性,让用户积极参与评论。

图6-6 抖音中的网红打卡地

6.2 采购设备

短视频运营者在进行拍摄前,需要使用各种设备,包括拍摄设备、录音设备、灯光设备和辅助设备。

6.2.1 拍摄设备

短视频的主要拍摄设备包括手机、单反相机、微单相机、迷你摄像机和专业摄像机等,用户可以根据自己的资金状况来选择。用户需要先对自己的拍摄需求做一个定位,到底是用来进行艺术创作,还是纯粹来记录生活,对于后者,笔者建议选购一般的单反相机、微单或者好点的拍照手机即可。只要用户掌握了正确的拍摄技巧和思路,即使是便宜的摄影设备,也可以创作出优秀的短视频作品。

1. 要求不高的用户,使用手机即可

智能手机的摄影技术在过去几年里得到了长足进步,手机摄影也变得越来越流行,其主要原因在于手机摄影的功能越来越强大、手机价格比单反更具竞争力、移动互联时代分享上传视频更便捷等,而且手机可以随身携带,满足随时随地的拍摄需求,带动用户进入"全民拍短视频的时代"。

手机摄影功能的出现,使拍短视频变得更容易实现,成为人们生活中的一种常态。如今,很多优秀的手机摄影作品甚至可以与数码相机媲美。例如,小米10至尊纪念版采用高通骁龙 865 旗舰芯片的四摄镜头,能够实现 120 倍长焦摄影需求,帮助用户轻松捕捉复杂环境下的艺术光影,如图 6-7 所示。

图 6-7 小米 10 至尊纪念版手机

2. 专业拍视频,可使用单反或摄像机

如果用户是专业从事摄影或者短视频制作方面的工作,或者是短视频领域资深玩家,那么单反相机和高清摄像机是必不可少的摄影设备,如图 6-8 所示。

图 6-8 单反相机和高清摄像机

▶ 6.2.2 录音设备

对于普通的短视频,直接使用手机录音即可;对于采访类、教程类、主持类、情感类或者剧情类的短视频,则对声音的要求比较高,推荐大家可以选择 TASCAM、ZOOM、SONY 等品牌的性价比较高的录音设备。

1. TASCAM

TASCAM 这一品牌的录音设备具有稳定的音质和耐用性。例如,TASCAM DR-100MKIII 录音笔的体积非常小,适合单手持用,而且可以保证采集的人声更为集中与清晰,收录效果非常好,适用于谈话节目类的短视频场景,如图 6-9 所示。

图 6-9　TASCAM DR-100MKIII 录音笔

2. ZOOM

ZOOM 品牌的录音设备做工与质感都不错，而且支持多个话筒，可以多用途使用，适合录制多人谈话节目、情景剧的短视频。图 6-10 为 ZOOM Zoom H6 手持数字录音机，这款便携式录音机能够真实还原拍摄现场的声音，录制的立体声效果可以增强短视频的真实感。

图 6-10　ZOOM Zoom H6 手持数字录音机

3. SONY

SONY 品牌的录音设备体积较小，比较适合录制各种单人短视频，如教程类、主持类的应用场景。图 6-11 为索尼 ICD-TX650 录音笔，该录音笔不仅小巧便捷，可以随身携带录音，而且还具有智能降噪、7 种录音场景、宽广立体声录音、立体式麦克风等特殊功能。

图 6-11　索尼 ICD-TX650 录音笔

6.2.3 灯光设备

在室内或者专业摄影棚内拍摄短视频时，通常需要保证光感清晰、环境敞亮、可视物品整洁，这就需要明亮的灯光和干净的背景。光线是获得清晰视频画面的有力保障，不仅能够增强画面美感，而且运营者还可以利用光线来创作更多有艺术感的短视频作品。下面介绍一些拍摄短视频时常用的灯光设备。

1. 八角补光灯

八角补光灯的打光方式以实际拍摄环境为准，建议一个顶位，两个低位，适合运用在各种音乐类、舞蹈类、带货类等短视频场景，如图 6-12 所示。

图 6-12　八角补光灯

2. 顶部射灯

顶部射灯的功率通常为 15 ~ 30W，运营者可以根据拍摄场景的实际面积和安装位置来选择合适的射灯强度和数量，适合用于舞台、休闲场所、居家场所、娱乐场所、服装商铺、餐饮店铺等拍摄场景，如图 6-13 所示。

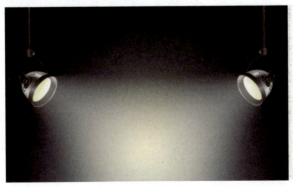

图 6-13　顶部射灯

3. 美颜面光灯

美颜面光灯通常带有美颜、美瞳、靓肤等功能，光线质感柔和，同时可以随场景自由调整光线亮度和补光角度，拍出不同的光效，适用于拍摄彩妆造型、美食试吃、主播直播和人像视频等场景，如图 6-14 所示。

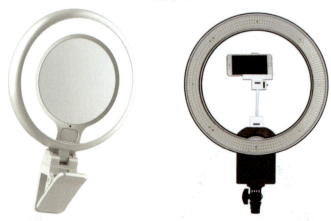

图 6-14　美颜面光灯

6.2.4　辅助设备

对于新手来说，拍摄短视频可能一部手机就足够了，但对于专业运营者来说，可能会购买一大堆辅助设备，来拍出电影级的大片效果。常用的辅助设备包含如下几种。

1. 手机云台

云台的主要功能是稳定拍摄设备，防止画面抖动造成的模糊，适合拍摄户外风景或者人物动作类短视频，如图 6-15 所示。

图 6-15　手机云台

第 6 章 视频拍摄，并非难事

2. 运动相机

运动相机可以还原每一个运动瞬间，记录更多转瞬即逝的动态之美或奇妙表情等丰富的细节，还能保留相机的转向运动功能，带来稳定、清晰、流畅的视频画面效果，如图 6-16 所示。运动相机能轻松应对旅拍、Vlog、直播和生活记录等各种短视频场景的拍摄需求。

图 6-16 运动相机

3. 无人机

无人机主要用来高空航拍，能够拍摄出宽广大气的短视频画面效果，给人一种气势恢宏的感觉，如图 6-17 所示。

图 6-17 无人机设备与拍摄效果

4. 外接镜头

运营者可以在手机上扩展各种外接镜头设备，主要包括微距镜头、偏振镜、鱼眼镜头、广角镜头和长焦镜头等，能够满足更多的拍摄需求。

5. 三脚架

三脚架主要用来在拍摄视频时稳固手机或相机，为创作好的短视频作品提供一个稳定的平台。购买三脚架时需要注意，它主要起到一个稳定手机的作用，所以三脚架需要结实。但是，由于其需要经常被携带，所以又要求它具有轻便和能够随身携带的特点。

6.3 拍摄对象

拍摄对象大致可以分为人物拍摄、动物拍摄、风光拍摄、城市拍摄等类别，下面进行具体介绍。

6.3.1 人物拍摄

人物是最常见的拍摄对象，真人出境的视频作品，不仅可以吸引观众眼球，而且可以使账号显得更加真实可信。但现实中很多人非常胆怯，认为自己长得丑、声音不好听，他们想要拍好视频，但又不敢露面，心理非常矛盾。

从拍摄角度来说，真人出镜的视频会有很强的代入感，从而更加吸引人。在拍摄真人出镜的视频时，如果单靠自己的手端举手机进行拍摄，很难达到最好的视觉效果，这个时候运营者可以利用各种脚架和稳定器等工具。

使用稳定器拍摄，可以让人物短视频的画面更加平稳流畅，即使人物处在运动的过程中，也能够让画面始终保持鲜活生动。手机是否稳定，能够很大程度上决定视频画面的稳定性，如果手机不稳，就会导致拍摄出来的视频也跟着摇晃，视频画面也会十分模糊。

在拍摄视频时，最好不要将人物对象放在画面正中央，这样会显得很呆板，可以将其置于画面的九宫格交点、三分线或者斜线等位置上，这样能够突出主体对象，让观众在视频中快速找到视觉中心点，如图6-18所示。

图6-18 突出视频中的人物主体

第 6 章　视频拍摄，并非难事

同时，人物所处的拍摄环境也相当重要，必须与短视频的主题相符合，而且场景最好要干净整洁。因此，拍摄者要尽量寻找合适的场景，不同的场景可以营造不同的视觉感受，通常是越简约越好。

6.3.2 动物拍摄

动物视频作品基本上都是展现动物们最精彩有趣瞬间的画面，因此运营者在拍摄动物视频之前，最好先调整好手机相机，随时准备抓拍动物们稍纵即逝的精彩瞬间。

同时，拍摄动物最好准备一个手机长焦镜头，如图 6-19 所示。可以用三脚架来固定手机，弥补手机变焦能力差的缺陷，同时让焦点更加清晰。通过长焦镜头，运营者可以将画面拉近，抓拍这些动物安静时的模样，捕捉其面部细节。

图 6-19　使用手机长焦镜头拍摄动物短视频

要拍好动物视频，首先要学会展现动物的情感，而它们的眼睛就是流露情感的最佳点。在拍摄时可以将手机的焦点对准动物的眼睛，并将背景和前景的杂物进行虚化处理，如图 6-20 所示。

图 6-20　将动物的眼睛作为画面的焦点

6.3.3 风光拍摄

风光视频是很多影视类运营者喜欢拍摄的题材,但很多新手由于不善于利用设备和工具,面对漂亮的景色也只能拍出平淡无奇的视频画面,着实可惜。

运营者在拍摄风光视频时,除了要突出拍摄主体,还必须要有好的前景和背景。如图 6-21 所示,这个视频的拍摄者就精心在画面左侧选择树枝作为前景,这不仅可以使画面的空间深度感得到增强,而且弥补了单调湖水背景区域的不足之处。

图 6-21 在视频画面中安排前景

6.3.4 城市拍摄

拍摄可以从身边的生活场景入手,如拍摄城市中的万千气象。城市中的建筑、行人和各种事物都是不错的拍摄题材,无论是什么场景和事物,只要用心观察,任何东西都是具有故事性的,拍摄城市中的风光就是要从平凡中发现不平凡的美。拍摄者可以另辟蹊径,从不同的角度寻找好的图形和线条,在视频画面中展现建筑之美,如图 6-22 所示。

图 6-22 拍摄时寻找建筑中的线条和图形

第 7 章
视频剪辑,简单上手

如今的视频剪辑工具越来越多,功能也越来越强大,一个优秀的视频不能缺少了剪辑工具的帮助。本章将以剪映软件为例,介绍视频后期处理的常用操作。

剪映是一款功能非常全面的手机剪辑工具,能够让短视频运营者在手机上轻松完成视频剪辑。

7.1 基本剪辑手法

对于视频而言，剪辑是不可缺少的一个重要环节。在后期剪辑中，需要注意的是素材之间的关联性，比如镜头运动的关联、场景之间的关联、逻辑性的关联，以及时间的关联等。剪辑的重点在于"细""新""真"，如图 7-1 所示。

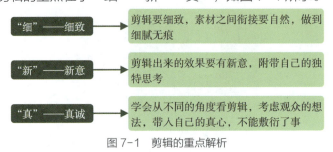

图 7-1 剪辑的重点解析

7.1.1 短视频剪辑处理

下面介绍使用剪映对视频进行剪辑处理的操作方法。

步骤 01 在剪映中导入一个原始的视频素材，点击界面左下角的"剪辑"按钮，执行操作后，进入视频剪辑界面，如图 7-2 所示。

图 7-2 进入视频剪辑界面

步骤 02 移动时间轴至两个片段的相交处，❶点击"分割"按钮，即可分割

第 7 章 视频剪辑，简单上手

视频；回到剪辑界面，点击"变速"按钮，弹出变速面板；❷左右移动红色圆圈按钮，调整视频的播放速度，如图 7-3 所示。

图 7-3 分割和变速视频

步骤 03 ▶ 移动时间轴，选择视频的片尾，点击"删除"按钮，执行操作后，即可删除片尾，如图 7-4 所示。

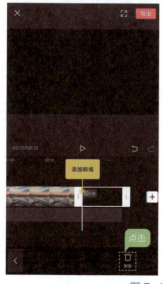

图 7-4 删除片尾

步骤 04 ▶ 回到剪辑界面，在这里可以对视频进行旋转、镜像、裁剪等编辑处理，如图 7-5 所示。在剪辑界面点击"复制"按钮，可以快速复制选择的视频片段，如图 7-6 所示。

图 7-5　编辑视频

图 7-6　复制视频

步骤 05 ▶ 在剪辑界面点击"倒放"按钮，系统会对所选择的视频片段进行倒放处理，并显示处理进度，稍等片刻，即可倒放所选视频，如图 7-7 所示。

图 7-7　倒放视频

步骤 06 ▶ 在剪辑界面选定一个视频片段，点击"定格"按钮，剪映会自动延长该片段的持续时间，从而实现画面定格的效果，如图 7-8 所示。

第7章 视频剪辑，简单上手

图 7-8 定格视频

步骤 07 视频操作完成后，❶点击右上角的"导出"按钮，跳转至导出界面；选择好分辨率和帧率参数，❷点击"导出"按钮，如图 7-9 所示。

图 7-9 导出视频

7.1.2 使用滤镜增添氛围

下面介绍使用剪映为视频添加开幕、闭幕滤镜的操作方法。

步骤01 ▶ 在剪映中导入一段视频素材，❶点击界面底部的"特效"按钮，进入特效编辑界面；❷在"基础"特效列表框中选择"开幕"特效，如图7-10所示。

图7-10 选择"开幕"特效

步骤02 ▶ 添加"开幕"特效后，❶点击"开幕"紫色时间轴；❷移动时间轴右侧的白色滑块，调整特效的持续时间，如图7-11所示。

图7-11 调整"开幕"特效

步骤03 ▶ ❶点击底部导航栏中的"新增特效"按钮，弹出特效选择列表框；❷在"梦幻"特效列表中选择"金粉聚拢"特效，如图7-12所示。

第 7 章　视频剪辑，简单上手

图 7-12　选择"金粉聚拢"特效

步骤 04 ▶　执行操作后，❶点击"金粉聚拢"紫色时间轴；❷移动时间轴右侧的白色滑块，如图 7-13 所示。

图 7-13　调整"金粉聚拢"特效

步骤 05 ▶　返回视频素材界面，滑动进度条至视频末尾，在"基础"特效列表框中选择"闭幕"特效；执行该操作后，即可在视频结尾处添加"闭幕"特效，如图 7-14 所示。

121

图 7-14 添加"闭幕"特效

步骤 06 ▶ 操作完成后,即可导出预览视频效果,如图 7-15 所示。

图 7-15 导出并预览视频

▶ 7.2 更多剪辑操作

视频制作完成后,后续的包装尤为重要。说起包装,人们一般都会想到商品的华丽包装,那么视频的"包装"也是如此吗?其实,"包装"只是一种形象的比喻方式,

第7章 视频剪辑，简单上手

即如何使视频快速地引起他人的注意。

在对视频进行剪辑包装时，不仅要保证素材之间富有关联性，其他方面的点缀也是不可缺少的，如图7-16所示。

图7-16 包装视频的主要工作

总的来说，后期包装并不是要让视频拥有多么绚烂的特效，或者是多么动人的背景音乐，而是要让观众理解视频内容，帮助运营者达到理想的营销效果。

7.2.1 添加动画效果

下面介绍使用剪映为视频添加动画效果的操作方法。

步骤01▶ 在剪映中导入三个视频素材，选择相应的视频片段，❶点击底部的"剪辑"按钮；❷底部导航栏刷新后，再点击"动画"按钮，如图7-17所示。

图7-17 添加动画效果

步骤02▶ 调出动画菜单，❶选择"降落旋转"动画效果；❷根据需要拖曳时间轴，适当调整动画时长，如图7-18所示。

123

图 7-18　选择并调整"降落旋转"动画效果

步骤 03　❶为第二段视频添加"抖入放大"动画效果；❷为第三段视频添加"向右甩入"动画效果，如图 7-19 所示。

图 7-19　添加"抖入放大"和"向右甩入"动画效果

步骤 04　操作完成后，即可导出视频，并在剪映中预览视频效果，如图 7-20 所示。如果对视频成品不满意，运营者还可以实时修改。

第 7 章 视频剪辑，简单上手

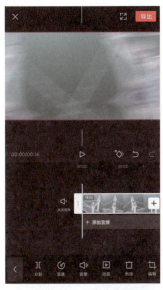 

图 7-20 导出并预览视频

7.2.2 "灵魂出窍"特效

下面介绍使用剪映制作"灵魂出窍"画面特效的操作方法。

步骤 01 在剪映中导入一个视频素材，❶点击"画中画"按钮进入编辑界面；❷随后点击"新增画中画"按钮，如图 7-21 所示。

图 7-21 新增画中画

125

步骤02 ▶ 再次导入相同场景和机位的视频素材,注意两个视频中的人物不要站在一起,如第一个视频中的人物站着不动,第二个视频中的人物向前方跑动。将视频放大,使其铺满整个屏幕,并点击底部的"不透明度"按钮,如图7-22所示。

图7-22 设置不透明度

步骤03 ▶ ❶拖曳滑块,将"不透明度"调整为35;❷点击右下角的"√"按钮,即可合成两个视频画面,并形成"灵魂出窍"的效果,如图7-23所示。

图7-23 合成视频画面

第 7 章 视频剪辑，简单上手

7.2.3 "逆世界"特效

下面介绍使用剪映制作"逆世界"镜像特效的操作方法。

步骤 01 ▶ 在剪映中导入一个视频素材，❶选择视频片段，进入剪辑界面；❷向下拖曳视频调整其位置，如图 7-24 所示。

图 7-24 选择并调整视频

步骤 02 ▶ 再次导入相同的视频素材，将视频放大至全屏，并点击底部的"编辑"按钮，如图 7-25 所示。

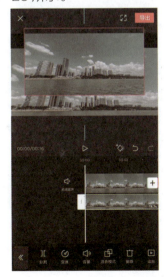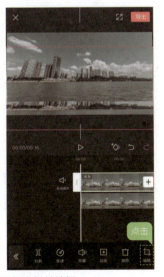

图 7-25 导入相同的视频素材并编辑

步骤03 ▶ 进入编辑界面，❶点击两次"旋转"按钮，旋转视频；❷然后点击"镜像"按钮，水平翻转视频画面，如图7-26所示。

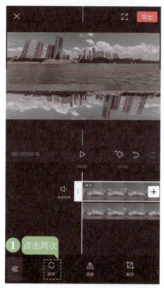 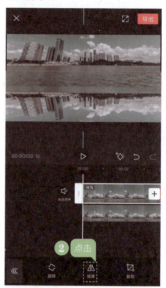

图7-26 水平翻转视频画面

步骤04 ▶ 对视频画面进行适当裁剪，确认编辑操作后对两个视频的位置进行适当调整，完成"逆世界"镜像特效的制作，如图7-27所示。

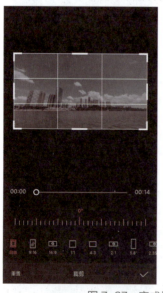 

图7-27 完成视频镜像特效的制作

第 8 章
热门视频,一学就成

用户在刷到有趣的视频后通常会点赞并关注视频博主,而视频只有被推荐,才能被更多人看到。本章主要介绍在短视频平台上制作热门视频的一些实用方法,包括成为热门视频的基本要求,爆款视频的类型、内容和技巧等。

8.1 热门视频的基本要求

本章将对短视频平台上目前播放量最多的一些视频进行总结，为短视频运营者提供方向。需要清楚的是，对于上热门的短视频，官方平台会提出一些要求，这是大家必须知道的基本原则。

8.1.1 个人原创内容

短视频上热门的第一个要求就是：视频必须为个人原创。例如，抖音上的"姐弟美食"账号，经常会发布姐弟俩在生活中发生的一些关于美食的原创搞笑视频，如图8-1所示。

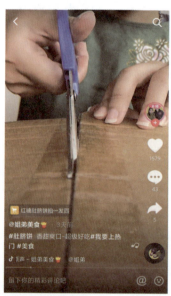

图 8-1 "姐弟美食"的原创搞笑视频

很多人开始做原创短视频时，不知道要拍摄什么内容。其实，在内容的选择上并没有那么难，可以从以下几个方面入手。

(1) 记录生活中的趣事。

(2) 学习和练习舞蹈、武术等。

(3) 利用丰富的表情和肢体语言。

(4) 记录旅行，将美景通过视频展现出来。

我们也可以换位思考，如果我是粉丝，希望看什么内容？搞笑视频，如果一个人拍的内容特别有意思，用户绝对会点赞和转发；情感类、励志类视频，如果能够引起

第 8 章　热门视频，一学就成

用户共鸣，那用户也会愿意关注。

以上内容属于可以被广泛关注的视频，另外还有细分的。例如，某个用户正好需要买车，那么关于鉴别车辆好坏的视频就成为他关注的内容了；再如，某人想减肥，那么减肥类的视频他会特别关注。所以，用户关注的内容，同样也是创作者应该把握的原创方向。

8.1.2　视频内容完整

在创作短视频时，虽然只有短短的 15 秒，但也一定要保证视频内容的完整度。保证视频时长才能保证视频的可看性，短于 7 秒的视频是很难被推荐的。内容演绎完整的视频才有机会上推荐。

如果视频内容卡在一半就结束了，会使用户感到难受。例如，图 8-2 为抖音上的一条短视频，正当用户满怀期待地看着男主角揭开面具时，画面突然弹出一个"未完"，整个视频就此结束，严重影响了用户观看短视频的体验。

图 8-2　抖音上不完整的短视频

8.1.3　没有产品水印

热门视频不能带有其他平台的水印。例如，在抖音平台，它不推荐短视频运营者发布的带有其他平台水印的视频。如果使用不属于抖音的贴纸和特效，这样的视频可以发布，但不会被平台推荐。

如果短视频素材有水印，运营者可以利用 Photoshop 等工具去除，或者使用网上一键去除水印的工具。图 8-3 为去水印的微信小程序。

图 8-3　去水印的微信小程序

8.1.4　高质量的内容

视频的内容永远是最重要的，因为只有吸引人的内容，才能让人有观看、点赞和评论的欲望。因此，视频想要上热门，作品质量高是必要条件。

利用短视频吸粉是个漫长的过程，所以短视频运营者要循序渐进，拍出一些高质量的视频，学会维持与粉丝的亲密互动。多学习一些比较火的视频选材及拍摄手法，通过努力拍摄出火爆的短视频。

8.2　不可错过的热门技巧

虽然每天都有成千上万的人将自己制作的视频上传到短视频平台上，但被标记为精选和上热门的视频却寥寥无几。那么，到底什么样的视频才会被推荐呢？本节将介绍让短视频上热门的技巧。

8.2.1 题材内容新颖

快手、抖音平台上有创意和脚踏实地的短视频内容从不缺少粉丝的点赞和喜爱。短视频运营者可以结合自身优势,打造出有创意的视频,可以通过奇思妙想,展示各种技艺,以及打造一些生活小妙招。例如,抖音上的"煎盘侠"账号喜欢分享一些稀奇古怪的食物吃法,如炸"绿舌头"冰棍、煎狗尾草等。用户在看到这类短视频之后,因其独特的创意和高超的技艺而纷纷点赞,如图 8-4 所示。

图 8-4 稀奇古怪的食物吃法视频

除了上述这种"脑洞大开"的视频外,创意类视频内容多为恶搞视频、段子等,即使是相似的内容,也能戳中用户的笑点。

一般来说,用户会给运营者发布的视频点赞,主要有两个原因:一是喜欢运营者发布的视频内容;二是收藏这条视频,方便以后能够找到。一般搞笑视频偏向于前者,分享门槛低;分享食物制作、生活用品的妙用则偏向于后者。

8.2.2 发现美好生活

生活中处处不乏美好,用心记录生活,生活也会时时给你惊喜。下面我们来看看抖音上的达人是如何通过拍摄平凡的生活片段,来赢得大量粉丝关注的。

下面是抖音上"非遗鸿铭阁老李"的账号分享的用竹篾制作了一个竹蜻蜓,视频中老人制作后把它送给自己的孙女,画面温馨,这便属于自己创造了生活中的美好,如图 8-5 所示。

图 8-5 创造生活中的美好

在生活中，我们可能会在不经意间发现一些平时看不到的东西，或者是创造出一些新事物，此时这些新事物便有可能会给人一种美好的感觉，而将这些美好的生活片段制作成短视频，分享给更多的人，也能够得到观众的喜爱和认同，从而制作出大受欢迎的视频内容。

8.2.3 内容积极乐观

"正能量"指的是一种健康乐观、积极向上的动力和情感，是社会生活中积极向上的行为。下面将从 4 个方面结合具体案例进行解读，让大家了解什么样的内容才是正能量的。

1. 好人好事

好人好事包含的范围很广，短视频运营者可拍的题材也很多。好人好事可以是见义勇为，为他人伸张正义；可以是危急时刻，挺身而出；也可以是看望孤寡老人，关爱弱势群体；还可以是拾金不昧，主动将财物交还给失主，如图 8-6 所示。

用户在看到这类短视频时，会从那些好人身上看到善意，感觉到社会的温暖，并且短短十多秒的视频还可以感化一些人，让他们投身于慈善事业中。同时，这类短视频很容易触及用户柔软的内心，让他们看后忍不住想要点赞。

第 8 章 热门视频，一学就成

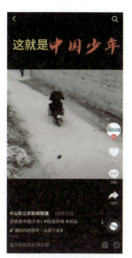

图 8-6 关于拾金不昧的短视频

2. 文化内容

文化内容包含了书法、诗词、曲艺、国画、武术和民族音乐等，这类内容在快手上具有较强的号召力。如果短视频运营者有文化内容方面的特长，可以用拍摄视频的方式展示给观众，让更多人感受到文化的魅力。

3. 努力拼搏

传达努力奋斗精神的短视频，通常比较容易获得较高的点赞量，如图 8-7 所示。当用户看到短视频中那些努力拼搏的身影时，会感受到满满的正能量，这会让用户在深受感染之余，从内心产生一种认同感。而在短视频平台上表达认同最直接的一种方式就是点赞。

图 8-7 关于努力奋斗的短视频

4. 祖国山河

"山河大好，出去走走"，分享一些祖国山河景色的短视频，不仅可以开阔大家的眼界，还能让观看者感受祖国大地的美好，如图 8-8 所示。通常这类短视频由旅行类账号的运营者或旅游爱好者发布，山河美景能够吸引用户并增加点赞量。

图 8-8　关于山河景色的短视频

8.2.4　紧抓官方热点

很多短视频运营者，用心制作视频，且视频都是原创，但总是得不到系统的推荐，点赞数也特别少。这是为什么呢？

一条视频想要在短视频平台上火起来，有两个重要的条件：第一，要有足够吸引人的全新创意；第二，内容要足够丰富。要做到这两点，最简单的方法就是紧抓官方热点话题，这里不仅有丰富的内容形式，还有大量的新创意玩法。

以抖音短视频平台为例，抖音上每天都会有不同的挑战赛和高热度话题，运营者发布短视频的时候可以添加一个话题，优秀的视频会被推荐到首页，曝光率会大大提高，也会引来更多相同爱好者的点赞与关注。图 8-9 为添加了"dou 出新知"话题的短视频热门推荐。

当然，短视频运营者也可以通过"抖音小助手"的精选视频，来分析这些获得高推荐量视频的内容特点，学习它们的优点，从而改进自己制作短视频的方法。

第 8 章　热门视频，一学就成

图 8-9　添加"dou 出新知"话题的短视频

8.3　值得研究的热门内容

短视频运营者要时刻对那些爆款视频保持敏锐的嗅觉，及时地去研究、分析和总结它们成功背后的原因，思考和积累成功的经验。站在"巨人的肩膀"上，我们才能看得更高、更远，才更容易超越他们。下面总结了一些热门短视频的内容类型，为大家提供参考。

8.3.1　高颜值

根据最新数据显示，抖音粉丝排行榜的前 10 位基本都是高颜值的明星，他们的粉丝数量都是千万级别，粉丝的黏性高且非常活跃。

由此不难看出，颜值是抖音营销的一大利器。许多长得好看的视频主角，即便没有过人的技能，只是唱唱歌、跳跳舞，视频就能吸引一些粉丝，这一点其实很好理解，毕竟谁都喜欢看好看的事物。很多人之所以看短视频，纯粹是借助短视频享受闲暇时间，而看一下帅哥美女，本就是一种享受。

137

8.3.2 幽默搞笑段子

幽默搞笑类的内容一直都不缺观众，许多人之所以经常刷短视频，主要原因就是很多视频内容能够逗人一笑。因此，那些笑点十足的短视频很容易在平台上被关注。如图8-10所示，幽默搞笑类视频的播放量达上千亿次。

图 8-10 幽默搞笑类的视频

8.3.3 自身才艺展示

才艺包含的范围很广，除了常见的唱歌、跳舞之外，还包括摄影、绘画、书法、演奏、相声和脱口秀等。只要视频中展示的才艺足够独特，并且能够让观众觉得赏心悦目，那么短视频很容易就能上热门。下面为大家分析和总结了一些"大V"不同类型的才艺内容，看看他们是如何获得成功的。

1. 演唱才艺

一些视频运营者，本身具有不俗的歌唱实力，通过独特的歌声获得广大音乐爱好者的追捧。例如，抖音平台上的"摩登兄弟"，不仅拥有高颜值，而且歌声非常好听。在平台获得知名度后，又在各种歌唱节目中现身，展示非凡的实力，这也让"摩登兄弟"从默默无闻到拥有了千万粉丝。图8-11为"摩登兄弟"的抖音主页和相关短视频。

第 8 章　热门视频，一学就成

图 8-11　"摩登兄弟"的抖音主页和相关短视频

2. 舞蹈才艺

　　舞蹈是通过人的肢体动作，表达人们深层精神世界的情感。许多短视频运营者通过展示自己的舞蹈，得到很多用户的认识和喜爱。"代古拉 K"账号的运营者是一名职业舞蹈演员，她给快手和抖音用户留下深刻记忆的除了她动感的舞蹈，还有甜美的笑容。她拍的舞蹈视频很有青春活力，给人朝气蓬勃、活力四射的感觉。图 8-12 所示，为"代古拉 K"的抖音短视频。

图 8-12　"代古拉 K"的抖音短视频

通过短视频平台走红后，"代古拉 K"开始参加各类综艺节目，这就是对她本身能力的一种肯定，对她的知名度也将产生正面影响。

3. 演奏才艺

对于一些学习乐器的，特别是在乐器演奏上取得一定成就的人来说，通过短视频展示演奏才艺，内容只要足够精彩，便能快速吸引大量用户的关注。如图 8-13 所示，该短视频就是通过演奏才艺来吸引用户关注的。

图 8-13　通过演奏才艺吸引用户关注

才艺展示是塑造个人 IP 的一种重要方式。而 IP 的塑造，又可以吸引大量精准的粉丝，为 IP 的变现提供良好的前景。因此，许多拥有个人才艺的短视频运营者，都会注重通过才艺的展示来打造个人 IP。

8.3.4　反差创造新意

根据《抖音 / 快手用户研究数据报告》显示，两个平台上最受用户欢迎的短视频类型都为搞笑类，搞笑类短视频在抖音平台上的比例高达 82.3%（多选），在快手平台上的比例也达到 69.6%（多选）。

此外，抖音和快手等短视频平台上，各种恶搞、模仿经典类的视频也非常活跃。所以，若想做出火爆的内容，建议大家可以尝试"恶搞"类视频，将一些经典的故事情节运用反向思维制造出反差，创造出更有新意的视频节目。

抖音网红"面筋哥"曾流浪 10 年，后来他凭借在选秀节目上的恶搞唱法，让一首《烤

第 8 章　热门视频，一学就成

面筋》火遍全网。如今他的粉丝超过了 660 万人，但他依然在坚持着自己的音乐梦想，同时还时不时恶搞一下，如图 8-14 所示。面筋哥的成功意味着上天眷顾这个时代有梦想和在努力的人。

图 8-14　"面筋哥"的抖音号

创意的灵感来源有一个非常快捷的方法，那就是通过微信公众号来取材。短视频运营者可以多关注一些知名公众号，从文章中找出一些有趣的内容作为短视频编辑素材，或者利用发散性思维添加自己的创意。那些在微信群、朋友圈被热议的内容，在短视频平台上就有了大受用户欢迎的基础。

▶ 8.3.5　"五毛钱"特效

短视频官方平台会经常举办一些"技术流"的挑战赛，鼓励用户创作出更高品质的内容。运营者可以学习达人的拍摄技巧，跟随音乐晃动镜头，或是像变魔术一样进行各种转场，拍摄出炫酷而自然的视频。

另外，用户也可以给短视频添加一些小道具，如贴纸、动图等，让画面更可爱、更有趣。总之，这些小道具可多种样式排列，组合效果有无限种可能，便于用户创作出更多新潮、不一样的作品。

例如，抖音平台上的"黑脸 V"，他拍摄的短视频中，自己的脸部通常是一片漆黑，没有人知道他长什么样子。"黑脸 V"的视频中利用各种特效，画面效果非常酷炫，是抖音平台最早的技术型"大神"之一，在他的视频里，喷雾可以让人隐身，踹一脚就能把车停好，用手机一丢就能打开任意门，还可以在可乐瓶上跳舞，他的每一条视频几乎都获得了抖音的热门推荐，如图8-15所示。

图 8-15　"黑脸 V"的视频

▶ 8.3.6　旅游所见美景

在短视频平台上，分享美景和旅游风光的短视频非常多，它们能够激起大家看精彩世界的情感共鸣，让很多想去旅游而去不了的人产生心理上的满足感。对此，平台官方也乐于推荐这些短视频，比如抖音还为此推出了"拍照打卡地图"功能，同时发布了很多示范打卡地图，引导用户创作相关的作品。

随着抖音的火爆，很多网红景点顺势打造爆款 IP。例如，赵雷的《成都》这首歌里唱的"玉林路"和"小酒馆"等地点，让不少年轻人慕名前往。这样的例子数不胜数，如"《西安人的歌》+ 摔碗酒"成就西安旅行大 IP，"穿楼而过的轻轨 + 8D 魔幻建筑落差"让重庆瞬间升级为超级网红城市，"土耳其冰淇淋"让本就红火的厦门鼓浪屿吸引了更多慕名而来的游客。网红经济时代的到来，城市地标不再只是琼楼玉宇，它还可以是一面墙、一首歌、一座码头。

"抖音同款"为城市找到了新的宣传突破口，通过一个个 15 秒的视频，城市中每个具有代表性的吃食、建筑和工艺品都被高度地提炼，配以特定的音乐、滤镜和特效，进行重新演绎，呈现出了超越文字和图片的感染力。图 8-16 为抖音上介绍的广东清远的网红景点。

图 8-16　抖音上的网红景点

8.3.7　爱演的"戏精"

"戏精"类内容是指主播运用自身的表演技巧和出乎意料的剧情安排，将品牌的特性完美展现在用户面前。"戏精"类视频内容非常适合发起话题挑战，因为可以吸引很多 UGC(user generated content，指用户原创内容)共同参与创作，如图 8-17 所示。

图 8-17　抖音上的"戏精"话题

8.3.8 技能传授视频

许多用户是抱着猎奇的心态看短视频的。那么，什么样的内容可以吸引这些用户呢？其中一种就是技能传授类的内容。因为当用户看到自己没有掌握的技能时，会感到不可思议，进而想学习。技能包含的范围比较广，既包括各种绝活，也包括一些小技巧。如图8-18所示，该短视频展示的就是与美食相关的小技能。

图8-18 传授技能的短视频

很多技能都要经过长期训练，普通用户可能无法轻松掌握。其实，除了难以掌握的技能之外，短视频运营者也可以在视频中展示一些用户学得会、用得着的技能，许多抖音中爆红的技能便属于此类，如图8-19所示。

抖音中爆红的技能
- 抓娃娃"神器"、剪刀娃娃机等娱乐技能
- 快速点钞、创意地堆造型补货等超市技能
- 剥香肠、懒人嗑瓜子、剥橙子等"吃货"技能
- 叠衣服、清洗洗衣机、清理下水道等生活技能

图8-19 抖音中爆红的技能

第8章　热门视频，一学就成

与普通内容不同，技能类的内容能让一些用户觉得像是发现了新大陆，因为此前从未见过，所以会觉得特别新奇。如果觉得视频中的技能在日常生活中用得上，用户就会收藏，甚至将视频转发给自己的亲戚朋友。因此，只要你在视频中展示的技能在用户看来是实用的，那么播放量通常会比较高。

第 9 章
推广技巧,准确易达

在短视频平台上,用户可以看到各种产品和服务信息。在海量的信息中,运营者只有用新颖的内容,便捷的服务才能打败竞争对手,吸引用户的注意力。如果运营者做不好营销推广,那么短视频营销的效果可能会大打折扣。

本章通过深挖短视频的营销力讲述推广的技巧,帮助读者熟练运用短视频的产品体系,获取更好的营销效果。

第 9 章　推广技巧，准确易达

9.1　曝光触达

在短视频平台中设置了一些营销模块，这些模块既可以进行广告宣传，也能够让视频内容获得更多曝光和精易触达。本节让我们一起来看看这些短视频平台上支持的营销模块。

9.1.1　TopView超级首位

TopView 超级首位是一种包含两种广告形式的营销模块。该营销模块由两部分组成，即前面几秒的抖音开屏广告和之后的信息流广告。

图 9-1 为某品牌汽车的一条广告短视频，可以看到其一开始是以抖音全屏广告的形式展现的（左侧），而播放了几秒钟之后，就变成了信息流广告（右侧），直到该视频播放完毕。很显然，这条短视频运用的就是 TopView 超级首位模块。

图 9-1　TopView 超级首位模块的运用

从形式上来看，TopView 超级首位模块很好地融合了开屏广告和信息流广告的优势。它既可以让用户在打开短视频 App 的第一时间就看到广告内容，也能通过信息流广告对内容进行完整的展示，并引导用户了解广告详情。

其实，TopView 超级首位模块的优势不只是体现在形式上，它对于品牌的推广也拥有着一些突出的优势，如图 9-2 所示。

- 品牌强曝光

  第一眼曝光+60s完整品牌信息触达，促进品牌快速传播，占领用户心智，影响消费决策。

- 品牌优体验

  避免上文干扰+高质量素材创意空间，品牌安全度高；沉浸式观看体验，打造高端视觉品质。

- 品牌互动提升

  多样播放组件+多元转化链接，满足广告主不同投放需求。视频组件有效提升用户与品牌的互动。

- 品牌效能积累

  落地引流品牌主页，品牌粉丝积累沉淀；助力品牌主页视频二次传播，带动品牌主页互动。

图 9-2　TopView 超级首位模块在品牌推广中的优势

9.1.2　开屏广告

开屏广告，顾名思义，就是打开短视频 App 就能看到的广告营销内容。开屏广告的优势在于，用户一打开 App 就能看到，所以广告的曝光率较高。而其缺点则体现在呈现的时间较短，因此可以呈现的内容较为有限。图 9-3 为开屏广告模块的运用案例。

图 9-3　开屏广告模块的运用

按照内容的展示形式不同，开屏广告可细分为 3 种，即静态开屏 (仅一张图片)、动态开屏（图片有更换）和视频开屏（以视频的形式呈现广告内容）。品牌商可以根据自身需求，选择合适的展示形式。

9.1.3 信息流体系

信息流体系，是一种通过视频传达信息的广告内容模块。运用信息流体系模块的短视频，其文案中会出现"广告"字样，而用户点击视频中的链接，则可以跳转至目标页面查看商品信息，从而达到营销的目的。

图9-4为信息流体系模块的运用案例，用户只需点击短视频中的文案内容、"查看详情"按钮或者抖音账号头像，便可以跳转至广告信息界面。这种模块的运用，不仅可以实现信息的营销推广，还能让用户获取信息更加便利。

图9-4 信息流体系模块的运用

信息流体系模块的运用可以分为3种，即全量（独占用户首刷的第4个短视频）、全时（按时间分为4个时间段，品牌商选择某个时间段集中投放）和全域（选择某些区域进行信息流广告的集中投放）。

9.1.4 固定位持续曝光

固定位模块，就是将营销内容的入口放置在某些短视频页面的固定位置，从而达到持续曝光，全方位提升品牌知名度和影响力的一种营销方式。

例如，在抖音平台，当用户进入"杂志穿越"话题后，可以看到右上方出现的"创作抖音特效"字样，用户只需点击该字样，便可以进入"抖音特效师"页面，查看肯德基的相关活动，如图 9-5 所示。

图 9-5　固定位模块的运用

固定位模块的运用，会让营销信息入口固定出现在多个页面。例如，除了上面的"杂志穿越"话题外，抖音用户还可以在同期推出的一些特效话题页面右上方看到"抖音特效师"的字样，用户只需点击便可进入营销信息页，这无疑可以起到快速获取流量、增强营销效果的作用。

9.2　内容营销

要想达到营销的目标，就要通过内容来重点增强用户的印象，提升用户对产品的接受程度。因此，短视频营销中最重要的是内容营销。

9.2.1　话题挑战赛

话题挑战赛是一种重要的内容营销手段。一般来说，话题挑战赛会设置一定的奖励，因此用户参与的积极性会比较高。在抖音平台中，热门的话题挑战赛还会在搜索界面中出现入口，这往往能够起到引爆营销的作用。图 9-6 为话题挑战赛的运用案例。

第 9 章　推广技巧，准确易达

图 9-6　话题挑战赛的运用案例

9.2.2　原创音乐

音乐是一种与用户产生连接的有效方式。例如，抖音企业号可以打造与品牌相关的原创音乐，然后通过推动用户使用该音乐，共创热点，实现发酵传播。图 9-7 便是通过使用指定的原创音乐的方式来打造热点话题。

图 9-7　原创音乐的运用案例

9.2.3 LINK触达目标人群

LINK 就是联系、连接的意思。在短视频平台中有一些链接模块，运营者可以通过对这些模块进行设置，创作链接，让用户可以更好地进入某些信息页面，从而达到内容流量曝光、触达目标人群的目的。

在抖音短视频中，常见的 LINK 主要分为两种，即视频页面的链接（视频中添加的商品和其他链接）和视频评论链接（评论页置顶的商品或者其他链接），如图 9-8 所示。

图 9-8　LINK 的运用案例

9.3 互动引导

运营者在做短视频营销工作时，单纯将信息传达给用户是不够的，还需要通过互动引导抓住共同利益点，打造触点，让用户与运营者的视频内容、抖音号产生更强的联系，甚至是直接购买产品。

9.3.1 创意贴纸

我们在刷短视频时，经常会看到各种创意贴纸，许多用户也经常会使用各种创意贴纸装饰自己的短视频。据相关数据统计，抖音中使用率最高的贴纸，日曝光量超过

第9章 推广技巧，准确易达

了1万次，不难看出创意贴纸的受欢迎程度。

抖音中提供了大量的创意贴纸，用户只需点击拍摄界面中的"道具"按钮，便可以查看各类贴纸，甚至还可以直接使用某款贴纸拍摄抖音短视频，如图9-9所示。

图9-9 查看和使用贴纸

当一款新的创意贴纸推出后，抖音中还会形成该贴纸的相关话题，吸引更多用户使用该贴纸拍摄短视频，如图9-10所示。

图9-10 抖音用户使用贴纸参与话题

此外，短视频运营者如果能够制作一些有新意的原创贴纸，那么便可以在其他用户使用贴纸的同时，达到曝光品牌的作用。制作抖音贴纸既可以与抖音官方设计师合作,也可以和原创设计师合作,没有经验的运营者也能通过合作快速打造属于自己的创意贴纸。

9.3.2 挂件

挂件就是在原本的内容之外增加的一些附件。短视频运营者可以通过打造挂件,激发用户参与活动,扩展品牌的展示空间。

在抖音短视频平台中,挂件大致可以分为两类,即视频挂件和头像挂件。

视频挂件,即在原有视频内容的基础上挂出来的一些附件。这些挂件往往是由抖音官方统一挂上去的,内容通常为抖音官方推出的某个重大活动,或者是某品牌通过抖音官方进行的广告营销。

如图 9-11 所示,短视频左侧出现了"许愿赢红包"的相关信息,很明显该信息与这条抖音视频没有任何关系,此处的"许愿赢红包"便属于视频挂件。

图 9-11 视频挂件

头像挂件,即在头像周围(通常是在头像的上方)挂出来的一些附件。这类附件通常不会自动挂上,而是当用户有需要时,通过与相关品牌方合作,或者在短视频平台进行申请。

在抖音短视频平台,当获得头像挂件后,无论是在其抖音视频播放界面,还是在抖音账号主页,都会显示挂件信息。图 9-12 为某抖音号主页上显示的头像挂件。

第 9 章 推广技巧，准确易达

图 9-12 头像挂件

9.3.3 扫一扫

一般来说，短视频平台都提供了专门的扫一扫入口，下面以抖音平台为例进行讲解。

步骤 01 进入抖音短视频主界面，❶点击 按钮，进入搜索界面；❷在搜索界面点击左上角的 按钮，如图 9-13 所示。

图 9-13 抖音的扫一扫入口

155

步骤 02 ▶ 操作完成后，即可进入抖音"扫一扫"界面，运营者可在该界面中扫描相关的二维码。除此之外，还可以 ❶ 点击界面下方的"我的抖音码"按钮，如图 9-14 所示；跳转至"我的抖音码"界面，❷ 点击"保存到相册"按钮，即可保存自己的抖音二维码，如图 9-15 所示。

图 9-14　"扫一扫"界面　　　图 9-15　"我的抖音码"界面

短视频运营者可以借助抖音扫一扫功能将自己的抖音码保存到手机相册中，然后通过各种社交软件，将二维码的照片发送给潜在客户，从而起到缩短品牌距离、提升品牌好感度的目的。

▶ 9.4　添加创意信息

经常看短视频的人最更看重的是视频的创意，如果短视频毫无亮点，他们会直接滑走。因此，短视频运营者要想办法让视频内容更具有创意。比如，可以通过添加一些创意信息，突显内容的亮点，从而提高相关链接的点击率，促进商品的销售和推广。

▶ 9.4.1　查看详情

"查看详情"是信息流体系模块中较为常见的一种按钮设置。通过该按钮，运营者可以在视频中设置一个直达页面，用户可以点击进入了解相关信息，或者直接到达商品的品牌店铺或购买页面。

通常来说，如果品牌商只是想让用户了解相关信息，就可以通过"查看详情"按

第 9 章　推广技巧，准确易达

钮连接一个 H5 页面。用户只需点击该按钮，便可直接进入对应的 H5 页面了解详情，如图 9-16 所示。

图 9-16　连接 H5 页面

此外，该按钮也可设置成其他形式。例如，短视频运营者想要让用户了解商品或店铺详情，甚至是购买商品，可设置"点击抢购"按钮。通过该按钮引导至对应的页面。如图 9-17 所示，通过"点击抢购"按钮将用户引导至品牌店铺页面。

图 9-17　连接品牌店铺页面

9.4.2 下载直达

信息流体系模块中常见的按钮设置有两种，一种是"查看详情"，另一种是"去玩一下"。一些需要引导短视频用户下载App的品牌主和运营者，便会通过"去玩一下"或"立即下载"按钮的设置，让用户直达下载界面，从而达到有效提升应用下载量的目的。

如图9-18所示，该信息流广告中，设置了"立即下载"按钮。抖音用户点击该按钮之后，便可进入某游戏的下载界面。

图9-18 直达下载界面

9.4.3 磁贴显示

"磁贴"就是粘贴在短视频上的一种像是小卡片的附件，其实际作用与信息流广告中设置的按钮类似，只是显示的形式有所不同。当然，它与信息流广告中设置的按钮也有一些不同之处，其中比较显著的一个差异就是用户可以直接在视频中去掉磁贴。短视频运营者可以通过磁贴让用户直达某个页面，从而实现重要信息的传达。

视频中的磁贴大致可以分为如下两种：

一种是出现在抖音名字上方的小卡片，这种形式的磁贴通常是某些品牌的活动或商品详情按钮，其最直接的目的就是让用户了解活动信息或为用户购买商品提供便利。

另一种是在信息流广告中设置了"去领取"按钮，通常为视频播放一段时间后画

第 9 章 推广技巧，准确易达

面中出现磁贴，如图 9-19 所示。这种磁贴的作用和信息流广告的"点击抢购"按钮相似，都可引导用户直达店铺。

图 9-19 "去领取"磁贴

9.4.4 贴纸展示

随着短视频平台的功能不断升级，运营者在视频中使用的贴纸特效也可以在视频名字的上方展示出来。例如，在抖音的视频中展示了贴纸特效，那么其他用户只需点击该贴纸，便可进入该贴纸特效相关的话题界面，如图 9-20 所示。

图 9-20 贴纸和相关话题

如果用户喜欢视频中的贴纸形式，便可点击该贴纸特效对应的按钮，进入特效的话题页，用该贴纸特效拍摄视频。

贴纸展示对于品牌商来说也是一种创意的营销方式。品牌商可以打造自己的贴纸特效，通过视频展示吸引用户使用该特效拍摄视频，从而更好地打造话题和制造热点，达到提高品牌传达率的作用。

9.4.5 电话拨打

有时候用户在看完短视频或商品信息的介绍后，会希望通过电话进行沟通，以了解更详细的商品信息。如果品牌商和运营者能够通过设置"电话拨打"按钮，为用户提供一个沟通渠道，那么便可以达到直接联系目标用户的目的。

通常来说，"电话拨打"按钮的设置可分为两种：

一种是在企业号认证成功后，在主页中设置"电话拨打"按钮。

另一种是进行了 POI(point of information，信息点) 地址认领的店铺，在店铺信息展示界面中设置"电话拨打"按钮。如图 9-21 所示，该短视频中设置了 POI 地址，用户只需❶点击 POI 地址链接，便可进入店铺信息展示界面；❷点击店铺信息展示界面中的按钮，用户便可呼叫该店铺设置的号码。

图 9-21 POI 地址中拨打店铺电话

第 10 章
视频吸粉,引发围观

对于短视频运营者来说,一般情况下账号的粉丝量越多,其带货变现的能力也就越强。所以,很多运营者都想打造百万级、甚至是千万级粉丝量的大号。

那么,怎么快速实现引流增粉呢?本章就为大家介绍多种短视频的引流手段。

10.1 基本的引流技巧

短视频引流有一些基本的技巧,掌握这些技巧之后,短视频运营者的引流推广效果将变得事半功倍。本节就来对几种基本的引流技巧分别进行解读。

10.1.1 积极添加话题

话题就相当于是视频的一个标签,部分用户在查看一个视频时,会将关注的重点放在查看视频添加的话题上;还有部分用户在查看视频时,会直接搜索关键词或相关话题。因此,如果短视频运营者能够在视频的文字内容中添加一些话题,便能起到不错的引流作用。短视频运营者在视频中添加话题时,可以重点把握两个技巧:第一,尽可能多地加入一些与视频中商品相关的话题,如果可以的话,在话题中指出商品的特定使用人群,增强营销的针对性;第二,尽可能以推荐的口吻编写话题,让用户觉得你不只是在推销商品,而是在向他们推荐实用的好物。

图 10-1 为添加话题的短视频案例,运营者很好地运用了上述两个技巧,不仅加入了很多与视频中商品相关的话题,而且话题和文字内容中营销的痕迹比较轻。

图 10-1 添加话题增强视频热度

第 10 章 视频吸粉，引发围观

10.1.2　定期发送内容

　　用户为什么要关注你，成为你的粉丝？除了运营者的个人魅力之外，另外一个很重要的原因就是用户可以从你的账号中获得他们感兴趣的内容。当粉丝关注你的账号之后，可能会时不时地查看账号内的内容，如果账号内很久都不更新内容，部分粉丝可能会因为看不到新的内容，或者账号内容对他的价值越来越低，进而选择取消关注。

　　因此，对于短视频运营者来说，定期发送用户感兴趣的内容非常关键，这不仅可以增强粉丝黏性，还能吸引更多用户。

10.1.3　发布原创视频

　　视频的原创性不仅是上热门的一个基本要求，而且它也能起到不错的引流作用。这一点很好理解，毕竟大多数用户刷短视频就是希望能看到新奇有趣的内容，如果你的视频都是照搬他人的，用户在此之前都已经看过几遍了，那么用户可能只看了零点几秒就迅速滑过去了。在用户不感兴趣的情况下，短视频获得的流量又怎么可能会很高呢？

　　除了内容的原创性之外，发布的短视频还应该满足一个要求，那就是与账号的定位一致。这一点抖音号"手机摄影构图大全"就做得很好，在该抖音号中发布的内容都是原创的摄影作品。图 10-2 为"手机摄影构图大全"发布的原创短视频内容。

图 10-2　"手机摄影构图大全"发布的原创短视频内容

10.1.4 吸引受众目光

当人们看到对自己有益处的东西时，往往都会表现出极大的兴趣。短视频运营者可以借助这一点，通过抛出一定的诱饵来达到吸引目标受众目光的目的。如图10-3所示，在这两个案例中，运营者通过优惠的价格向目标受众抛出诱饵，以这种方式达到引流推广的目的。

图 10-3　抛出诱饵吸引目标受众

10.2　爆发式引流方法

短视频平台聚合了大量的短视频信息，同时也聚合了很多流量。对于运营者来说，如何通过平台引流，让它为己所用才是关键。本节将介绍一些非常简单的短视频引流方法，手把手教你通过短视频平台获取大量粉丝。

10.2.1　硬广告引流法

硬广告引流法是指在短视频中直接进行产品或品牌展示。例如，华为荣耀手机的抖音官方账号就联合众多明星或网红等，打造各种原创类高清短视频，同时结合手机产品自身的功能特点来推广，吸引粉丝关注，如图10-4所示。

第 10 章 视频吸粉，引发围观

图 10-4　华为荣耀手机的短视频广告引流

由于硬广告引流需要快速吸引用户关注，因此在内容上要突出产品优势，建议运营者借助专业的摄影棚拍摄，以清楚展示产品；将产品的正面反馈全部整理出来，然后制作成照片短视频来发布；还可展示产品能够为用户带来的好处，如减肥的前后效果对比图、美白的前后效果对比图等。

10.2.2　评论区引流

短视频的评论区中基本上都是精准受众，而且都是活跃用户，运用好评论区，可进行用户引流，以达到提高热度，销售商品的目的。短视频运营者可以先编辑好一些引流话术，在自己视频的评论区回复其他人的评论时，内容直接复制粘贴引流话术即可。

1. 评论热门作品引流法

评论热门作品引流法，主要通过关注同行业或同领域的相关账号，评论他们的热门作品，并在评论中加入广告，为自己的账号或者产品引流。例如，销售女性产品的用户可以多关注一些护肤、美容等相关账号，因为关注这些账号的粉丝大多是女性群体。

通过评论热门作品实现引流主要有两种方法：一直接评论热门作品，特点是流量大、竞争大。二是评论同行的作品，特点是流量小，但是粉丝精准。运营者可以将这两种方法结合在一起，同时注意评论的频率。评论的内容不可以千篇一律，不能带有敏感词。

评论热门作品引流法有两个小诀窍，具体如下。

(1) 用小号到当前热门作品中去评论。评论内容可以写：**想看更多精彩视频请点击→→@你的大号**。另外，小号的头像和个人简介等，这些都是用户能第一眼看到的资料，因此要尽量给人一种很专业的感觉。

(2) 直接用大号去热门作品中评论。评论内容可以写：**想看更多好玩视频请点我**。注意，大号不要频繁进行这种操作，建议 1 小时内评论 1~3 次即可，太频繁的评论可能会被系统禁言。

上面这么做的目的是直接引流，把别人热门作品里的用户流量引入你的作品中。

2. 评论区软件引流

网络上有很多专业的评论区引流软件，可以多个平台 24 小时同时工作，源源不断地帮用户进行引流。运营者只要把编辑好的引流话术填写到软件中，然后打开开关，软件就会自动不停地在短视频平台的评论区评论，为运营者带来大量的流量。

需要注意的是，仅仅通过软件自动评论引流的方式还不是很完美，用户还需要上传一些真实的视频，对短视频运营多用点心，这样吸引来的粉丝黏性会更高，流量也更加精准。

除此之外，某些平台还支持"发信息"的功能，一些粉丝可能会通过该功能给运营者发信息，运营者可以时不时看一下，并利用私信回复来进行引流。

▶ 10.2.3 矩阵引流

短视频矩阵是指通过同时做不同的账号运营，来打造一个稳定的粉丝流量池。矩阵引流的道理很简单，多个短视频账号同时运营，可以为你带来更多的收获。

打造短视频矩阵基本都需要团队的支持，至少要配置 2 名主播、1 个拍摄人员、1 个后期剪辑人员和 1 个推广营销人员，从而保证多账号矩阵的顺利运营。

短视频矩阵的好处很多，首先可以全方位地展现品牌特点，扩大影响力；还可以形成链式传播来进行内部引流，大幅度提升粉丝数量。例如，西安就是在抖音矩阵的帮助下成功变为网红城市的。据悉，西安已经有 70 多个政府机构开通了官方抖音号，这些账号通过互推合作引流，同时搭配 KOL 引流策略，让西安成为热门打卡城市。通过打造抖音矩阵，西安大幅度提升城市形象，同时给旅游行业引流。

短视频矩阵可以最大限度地降低单账号运营风险，这和投资理财强调的"不把鸡蛋放在同一个篮子里"的道理是一样的。多账号一起运营，无论是做活动还是引流吸粉，都可以达到很好的效果。当然，不同账号的角色定位也要有所差别。

在打造抖音矩阵时还有很多注意事项，如注意账号的行为，遵守短视频平台规则；一个账号一个定位，每个账号都有相应的目标人群；内容不要跨界，小而美的内容是主流形式。

第 10 章　视频吸粉，引发围观

　　这里再次强调短视频矩阵的账号定位，这一点非常重要，每个账号角色的定位不能过高或者过低，更不能错位，既要保证主账号的发展，也要让子账号能够得到很好的成长。例如，小米公司的抖音主账号为"小米公司"，粉丝数量达到了 290 万，其定位主要是品牌宣传，子账号包括"小米手机""小米直播""小米 MIUI"等，分管不同领域的短视频内容推广引流，如图 10-5 所示。

图 10-5　小米公司的抖音矩阵

10.2.4　利用热搜引流

　　对于短视频运营者来说，利用热搜词引起关注、获得流量已经成为一项重要的技能。运营者可以利用各大平台寻找当下的热门词汇，并让自己的短视频内容高度匹配这些热词，得到更多的曝光。

　　常见的利用热搜引流的方法有如下几种：

　　(1) 视频标题文案紧扣热词；

　　(2) 视频话题与热词吻合；

　　(3) 视频选用的背景音乐与热词关联度高；

　　(4) 账号命名踩中热词。

10.2.5　跨平台引流

　　目前，多数短视频账号的跨平台能力都很弱，这一点从微博的转化就能看出来，普遍都是 100:1，也就是说短视频平台涨 100 万粉丝，微博只能涨 1 万粉丝，跨平台的转化率非常低。下面笔者以抖音为例，做具体分析。

抖音是去中心化平台，虽然可以快速获得粉丝，但粉丝的实际黏性非常低。不过抖音针对这一问题也推出了相应的解决方案，抖音粉丝超过 50 万的账号即可参与"微博故事红人招募计划"，让抖音账号跨平台在微博享受更多专属的涨粉和曝光资源。

除了微博引流外，抖音的内容分享机制经过重大调整，拥有了更好的跨平台引流能力。此前，将抖音短视频分享到微信和 QQ 后，被分享者只能收到被分享的短视频链接。但现在，运营者将作品分享到朋友圈、微信好友、QQ 空间和 QQ 好友，抖音就会自动将该视频保存到本地。保存成功后，抖音界面上会出现一个"继续分享"的提示，只要用户点击相应按钮就会自动跳转到微信上，这时只要选择好友即可实现单条视频分享。用户点开视频即可观看，不用再手动复制链接到浏览器上观看了。抖音分享机制的改变，无疑是对微信分享限制的一种突破，此举对抖音的跨平台引流和自身发展都起到了一些推动作用，如图 10-6 所示。

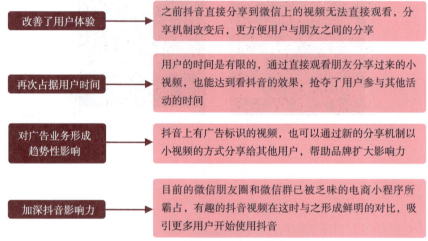

图 10-6　抖音改变分享机制的作用

10.2.6　线上引流

线上引流的源头是各种社交平台，微信、QQ 和各种音乐平台都拥有大量的用户群体，是短视频引流不能错过的平台。

1. 微信引流

根据相关数据，微信及 WeChat 的合并月活跃账户达到 10.4 亿，已实现对国内移动互联网用户的大面积覆盖，成为国内最大的移动流量平台。下面介绍使用微信为短视频引流的具体方法。

（1）朋友圈引流。用户可以在朋友圈中发布抖音上的短视频作品，同时视频中会显示相应的短视频账号，以吸引朋友圈好友关注。运营者需要注意的是，朋友圈只能发布 10 秒内的视频，而短视频通常都在 15 秒以上，所以发布时我们还需要对其进行剪辑，尽可能选择内容中的关键部分。

(2) **微信群引流**。通过微信群发布自己的短视频作品，微信群用户点击视频后可以直接查看内容，增加内容的曝光率。注意发布的时间应尽量与平台上同步，也就是说在平台上发完短视频后，马上分享到微信群（切记不要太频繁）。

(3) **公众号引流**。公众号也可以定期发布短视频，将公众号中的粉丝引流到短视频平台上，从而提高短视频账号的曝光率。

2. QQ引流

作为最早的网络通信平台，QQ 拥有强大的资源优势和底蕴，以及庞大的用户群，是短视频运营者必须巩固的引流阵地。

(1) **QQ 签名引流**。短视频运营者可以自由编辑或修改个性签名内容，在其中填写引流信息，引导 QQ 好友关注自己的短视频账号。

(2) **QQ 头像和昵称引流**。QQ 头像和昵称是 QQ 号的首要流量入口，运营者可以将其设置为短视频账号的头像和昵称，增加账号曝光率。

(3) **QQ 空间引流**。QQ 空间是运营者可以充分利用起来进行引流的一个好地方，运营者可以在此发布短视频作品，这样访问 QQ 空间的所有人都能看到视频，但要注意应将 QQ 空间设置为所有人可见。

(4) **QQ 群引流**。短视频运营者可以多创建和加入一些与短视频定位相关的 QQ 群，多与群友进行交流互动，当双方建立了信任感后，运营者再发布短视频作品来引流，就自然会水到渠成，吸引更多观众。

(5) **QQ 兴趣部落引流**。QQ 兴趣部落是一个基于兴趣的公开主题社区，这一点和短视频平台的标签非常类似，能够帮助运营者获得更加精准的流量。运营者也可以关注 QQ 兴趣部落中的同行业达人，多评论他们的热门帖子，可以在其中添加自己的账号等相关信息，收集到更加精准的受众。

3. 音乐平台引流

短视频与音乐是分不开的，因此运营者还可以借助各种音乐平台来给自己的账号引流。音乐平台很多，如网易云音乐、虾米音乐和酷狗音乐等，运营者可根据需要自行选择。

以网易云音乐为例，这是一款专注于发现与分享的音乐产品，依托专业音乐人、好友推荐及社交功能，为用户打造全新的音乐生活。网易云音乐的目标受众是一群有一定音乐素养、较高教育水平、较高收入水平的年轻人，这和抖音等短视频平台的目标受众重合度非常高，因此成为短视频引流的最佳音乐平台。

运营者可以利用网易云音乐的音乐社区和评论功能，对自己的短视频进行宣传和推广。除此之外，用户还可以利用音乐平台的主页动态进行引流。例如，网易云音乐推出了一个类似微信朋友圈的功能，运营者可以发布歌曲动态、上传照片和发布 140 字的文字内容，同时还可以发布短视频，直接推广自己的短视频账号。

10.2.7 线下引流

短视频引流是多方向的，除了线上平台。短视频账号尤其是本地化的账号，还可以通过短视频平台给自己的线下实体店铺引流。例如，"答案茶""土耳其冰淇淋""CoCo 奶茶""宜家冰淇淋"等线下门店通过抖音吸引了大量粉丝前往消费。特别是"答案茶"刚推出来时，仅凭抖音平台上的短视频宣传，就在短短几个月内招收了几百家代理加盟店。

以抖音为例，用抖音给线下店铺引流的最好方式就是开通企业号，利用"认领 POI 地址"功能，在 POI 地址页展示店铺的基本信息，实现线上到线下的流量转化。

当然，要想成功引流，运营者还必须持续输出优质的内容，保证稳定的更新频率，以及与用户多互动，并打造好自身的产品。运营者只有做到这些，才可以为店铺带来长期的流量保证。

10.2.8 转载视频引流

运营者可以将抖音、快手、微视、西瓜视频、火山小视频，以及秒拍等短视频平台中的内容进行转载，只要不侵权，官方是鼓励运营者转载视频的，具体方法如下。

步骤 01 ▶ 打开去水印视频解析网站，然后打开要转发的视频，并把视频的地址放到解析网站的方框内，然后点击"解析视频"按钮，解析完成后即可下载，从而得到没有水印的视频文件。图 10-7 为抖音短视频解析下载网站。

图 10-7 抖音短视频解析下载网站

步骤 02 ▶ 用格式工厂或 inshot 视频编辑软件，对视频进行剪辑和修改，改变

第 10 章 视频吸粉，引发围观

视频的 MD5 值，即可得到略有不同的新的视频文件。

步骤 03 把这个搬运来的视频上传到短视频平台，同时在账号资料部分添加信息，进行引流。

10.3 引流新工具

2019 年初，一款名为"多闪"的短视频社交产品正式发布。

"多闪" App 诞生于抖音的私信模块，可以将拍摄的小视频同步到抖音，将抖音上形成的社交关系直接引流转移到"多闪"平台。通过平台维护社交关系，可以降低用户建立联系的难度。"多闪"具有以下功能：

(1) **抽奖活动**。"多闪"中包含了"聊天扭蛋机"模块，用户只需要每天通过 App 与好友聊天，即可参与抽奖，而且红包额度非常大。

(2) **支付功能**。"多闪"中推出"我的钱包"功能，可以绑定银行卡、提现、查看交易记录和管理钱包等，便于运营者变现。

(3) **"多闪"号交易变现**。运营者可以通过"多闪"号吸引大量精准粉丝，有需求的企业可以通过购买这些流量大号来推广自己的产品或服务。

(4) **"多闪"随拍短视频广告**。对于拥有大量精准粉丝流量的"多闪"号，完全可以像抖音和头条那样，通过短视频贴牌广告或短视频内容软广告来实现变现。

鉴于抖音是国内最大的短视频平台之一，许多运营者都在运营自己的抖音账号，因此下面将详细介绍"多闪"向抖音引流的方法。

10.3.1 主动加人引流

抖音上的粉丝黏性比较低，他们通常只会关注视频内容，而不会与运营者有过多的交集。而"多闪"的出现，就是用来打通抖音这种社交维度上的不平等关系，通过短视频社交来提升抖音的粉丝黏性。

运营者在使用"多闪" App 的过程中，可能会收到诸多陌生人的添加好友请求，尤其是那些新店开业类视频播出后，会有许多人主动来打听店铺信息，这时就可以借助"多闪"来实现广泛被动的引流。同时，对于运营者来说，还可以在"多闪"中融入各种产品和销售场景，再加上钱包支付和视频红包功能，就能够形成一个良好的商业生态。

10.3.2 同城附近位置引流

在"多闪"中，没有公开评论的社交场景，都是基于私信的私密社交场景。陌生人之间不需要加好友,就能够相互聊天,但只能发送 3 条信息。在聊天过程中输入文字时,系统会自动联想海量的表情包来丰富对话内容,不仅降低了表情包的使用和筛选难度,还有助于用户表达更多情感和态度。

"多闪"的定位是社交应用,不过是以短视频为交友形态,如果运营者在抖音有大量的粉丝,就必须想办法去添加他们的"多闪"号,这样"多闪"就能为抖音运营者带来更多的变现机会。

10.3.3 互动工具引流

下面介绍通过"多闪"App 的互动工具进行引流的操作方法。

1. 邀请好友

步骤 01 打开"多闪"App,在主界面中有一个"邀请好友来多闪"模块,会推荐一些好友,点击"添加"按钮,如图 10-8 所示。

步骤 02 执行操作后,弹出"申请加好友"提示框,❶输入相应的申请信息;❷点击"发送"按钮,如图 10-9 所示。

图 10-8 点击"添加"按钮

图 10-9 申请加好友

第 10 章 视频吸粉，引发围观

步骤 03 ▶ 执行操作后，进入"消息"界面，可以看到申请添加的好友右侧显示"待通过"提示。

2. 微信好友引流

在"消息"界面还可以邀请微信好友，操作步骤如下。

步骤 01 ▶ 点击"打开微信邀请"按钮，如图 10-10 所示。

步骤 02 ▶ 执行操作后，弹出相应提示框，显示邀请口令，点击"打开微信粘贴给好友"按钮，如图 10-11 所示。

图 10-10　点击"打开微信邀请"按钮　　图 10-11　点击"打开微信粘贴给好友"按钮

3. 其他好友引流方式

步骤 01 ▶ 在"消息"界面点击右上角的"+"号按钮，在弹出的菜单中选择"添加好友"选项，如图 10-12 所示。

步骤 02 ▶ 进入"添加好友"界面，其中包括多种添加好友的方式。建议用户将"多闪"App 内的添加好友功能，可能认识的人及推荐的关系维度，包括通信录好友、好友的好友等，第一时间将能添加的好友全部点一遍，如图 10-13 所示。

173

图 10-12 选择"添加好友"选项　　　图 10-13 "添加好友"界面

第 11 章
直播引流,打造网红

近几年,直播行业非常火爆,很多短视频运营者跃跃欲试,却又投鼠忌器。本章针对常见的直播问题进行讲解,介绍抖音直播、淘宝直播、头条直播和快手直播的引流方法。

多平台的引流能带来多平台的流量,但同时运营者也应该注意粉丝运营和直播误区。

11.1 抖音直播引流

无论是企业还是个人，运营抖音的首要目的是获取用户，抖音平台开通直播功能是为了给运营者经营的产品注入自发传播的基因，从而促进应用的引流、分享、拉新。

11.1.1 开通直播的方法

在抖音平台开通直播，需要先满足两个条件：一是已解锁视频分享功能；二是已实名认证。当账号满足了这两个条件后，系统就会提示你已获得开通直播的资格。

在正式开启直播之前，我们还需要完成一些步骤，包括绑定手机号、授权通信录、文明主播认证答题等，申请人只需按照提示操作即可。

下面介绍在抖音平台开通直播的操作步骤，具体方法如下。

步骤 01 ▶ 登录抖音短视频 App，进入视频拍摄界面，点击界面中的"开直播"按钮，如图 11-1 所示。

步骤 02 ▶ 操作完成后，即可进入如图 11-2 所示的抖音直播设置界面。

图 11-1 视频拍摄界面

图 11-2 直播设置界面

步骤 03 ▶ 在直播设置界面，❶设置直播封面、标题等信息；❷点击"开始视

第 11 章　直播引流，打造网红

频直播"按钮，如图 11-3 所示。

步骤 04 操作完成后，进入抖音直播界面，即可开始直播，如图 11-4 所示。

图 11-3　设置并开始视频直播

图 11-4　开始直播

> **专家提醒**
>
> 　　除了抖音，现在各大网站都开启了直播平台，抢占这一火热市场。经营者可以选择适合自己的平台开通直播业务。通常各平台的直播开通方式都比较简单，使用者只需根据提示逐步操作就可以了。

11.1.2　抖音直播的入口

　　抖音的直播功能包含几个不同的入口，用户可选择自己方便的入口进入。下面我们来看一看入口的位置。

1."关注"界面

　　在"关注"界面，如果抖音账号的头像下方出现"直播中"3 个字，那么只要点击头像就可以进入直播间,如图 11-5 所示。

图 11-5 从"关注"界面进入直播间

2. "推荐"界面

在"推荐"界面,如果抖音账号的头像上方有"直播"两个字,那么只需点击头像,便可直接进入直播间,如图 11-6 所示。

图 11-6 从"推荐"界面进入直播间

3. "同城"界面

抖音推荐分为两种,一种是全平台推荐,另一种是同城推荐。通常来说,"同城"

第11章 直播引流，打造网红

界面中会推荐直播内容，用户只需点击相应的推荐内容，便可直接进入直播间，如图 11-7 所示。

图 11-7 从"同城"界面进入直播间

4. "直播广场"界面

"直播广场"界面中会对正在直播的抖音号的相关画面进行展示。如果用户想进入某个直播间，只需点击对应的画面即可，如图 11-8 所示。

图 11-8 从"直播广场"界面进入直播间

11.1.3 打造直播室

在抖音直播的运营过程中,一定要注意视频直播内容的规范要求,切不可违规,以免辛苦运营的账号被封。另外,在打造直播内容、产品或相关服务时,主播一定要遵守相关法律法规,只有合法的内容才能得到承认,才可以在互联网中快速传播。本节主要讲述打造直播室的方法。

1. 建立专业的直播室

首先要建立一个专业的直播空间,主要包括以下几个方面。

(1)直播室要有良好稳定的网络环境,保证直播时不会掉线和卡顿,影响用户的观看体验。如果是在室外直播,建议选择无限流量的网络套餐。

(2)购买一套好的电容麦克风设备,给用户带来更好的音质效果,同时也将自己的真实声音展现给他们。

(3)购买一个好的手机外置摄像头,让直播效果更加高清,给用户留下更好的外在形象,当然也可以通过美颜等效果来给自己的颜值加分。

(4)还需要准备其他设备,如桌面支架、三脚架、补光灯、手机直播声卡,以及高保真耳机等。例如,直播时补光灯可以根据不同的场景调整画面亮度,具有美颜、亮肤等作用,如图 11-9 所示;手机直播声卡可以使收音质量高保真,无论是高音或低音都可以更真实地还原,让声音更加磁性、纯净,如图 11-10 所示。

图 11-9 环形直播补光灯

图 11-10 手机直播声卡

2. 设置一个吸睛的封面

抖音直播的封面图片设置得好，能够为主播吸引更多的粉丝观看。目前，抖音直播平台上的封面都是以主播的个人形象照片为主，背景以场景图居多。抖音直播封面没有固定的尺寸，不宜过大也不要太小，只要是正方形等比都可以，但画面要做到清晰美观。

3. 选择合适的直播内容

抖音直播的内容目前以音乐为主，不过也有其他类型，如带货、美妆、美食，以及一些生活场景直播等。从抖音的直播内容来看，都是根据抖音社区文化衍生出来的，而且也比较符合抖音的产品气质。

在直播内容中，以音乐为切入点可以更快地吸引粉丝关注，在更好地传播音乐的同时，也可以让主播与粉丝同时享受到近距离接触的快乐。

▶ 11.1.4 直播吸粉引流技巧

随着网络技术和设备的不断发展，直播变得非常简单，运营者只需要一台手机即可开启直播。但是，直播的竞争却非常残酷，主播需要掌握一些吸粉引流的技巧，才能在竞争中不落下风。

1. 定位清晰

精准的定位可以形成个性化的人物特征，有利于为运营者打造一个细分领域的专业形象。下面介绍一些热门的直播定位类型，如图 11-11 所示。

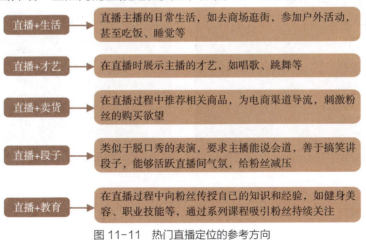

图 11-11　热门直播定位的参考方向

2. 内容垂直

根据自己的定位来策划垂直领域的内容，在直播前可以先策划一个大纲，然后再围绕这个大纲来细化具体的直播过程，并准备好相关的道具、歌曲和剧本等。在直播过程中还需要关注粉丝的动态，有人进来时记得打招呼，有人提问时要马上回复。

在直播过程中，不仅要用高质量的内容吸引观众，而且要随时引导这些进来的观众关注你的账号，成为你的粉丝。

3. 特色名字

在为直播间和主播起名字时，需要根据不同的平台受众来设置不同的名称。

（1）以电竞为主的虎牙等平台，起的名字就需要大气、霸气一些。

（2）以二次元内容为主的哔哩哔哩等平台，起的名字就需要符合"宅"文化一些，尽可能年轻、潮流。

（3）以导购内容为主的淘宝直播等平台，起的名字则要与品牌或产品的定位相符，可以让人产生信赖感。

4. 专业布景

直播的环境不仅要干净整洁，也要符合自己的内容定位，给观众带来好的直观印象。例如，以卖货为主的直播环境中，可以在背景里挂一些商品的样品，商品的摆设要整齐，房间的灯光要明亮，从而突出产品的品质，如图11-12所示。

图11-12 直播布景示例

5. 聊天话题

主播可以制造热议话题来为自己的直播间快速积攒人气。但是，主播的话题内容一定要健康、积极、向上，要符合法律法规和短视频平台规则。当然，主播在与粉丝聊天互动时，还需要掌握一些聊天的技巧，如图11-13所示。

第 11 章　直播引流，打造网红

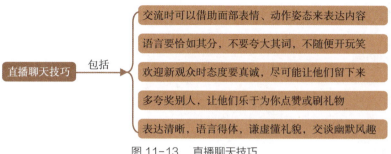

图 11-13　直播聊天技巧

6. 互动活动

互动包括两种方式，一种是直播间内的互动，另一种是主播与观众的互动。

直播间内的互动，是指直播时，主播可以找一个人与自己搭档，两个人聊天互动，一起来提升直播间的热闹氛围，这样做的好处是不至于因没有话题而面临尴尬。主播与观众互动，是指主播可以选择一些老观众与他们互动，主动跟他们聊天，最大限度地提升粉丝黏性。除了聊天外，主播还可以做一些互动活动，如带粉丝唱歌、教粉丝一些生活技巧、带粉丝一起打游戏、在户外做一些有益的活动，或者举行一些抽奖活动等，如图 11-14 所示。这些小的互动活动可以提升粉丝的活跃度，同时还能吸引更多"路人"的关注。

图 11-14　游戏互动和户外互动活动

7. 开播时段

因为很多粉丝都是利用闲暇时间来看直播的，所以直播时间一定要跟他们的空闲时间契合，这样他们才有时间观看直播。因此，主播最好能找到粉丝活跃度最大的时间段，然后每天定时定点直播。

8. 抱团吸粉

主播可以多和一些内容定位相近的其他主播搞好关系、成为朋友，这样可以相互推广，互相照顾。当大家都有一定粉丝基础后，主播还可以带自己的粉丝去朋友的直播间相互"查房"，这种互动不仅可以活跃直播间的氛围，而且能够很好地留住粉丝。"查房"是直播平台中的一种常用引流手段，主要是依靠大主播的人气流量来带动不知名的小主播，形成良性循环，吸引粉丝关注。

9. 营销自己

抖音通常会给中小主播分配一些地域流量，如首页推荐或者其他分页的顶部推荐，让这些主播处于一个较好的引流位置，此时主播一定要抓住机会来推广和营销自己。

10. 维护粉丝

当主播通过直播积累一定的粉丝量后，一定要做好粉丝的沉淀，可以将他们导流到微信群、公众号等平台，更好地与粉丝进行交流沟通，表现出对他们的重视。平时也可以多给粉丝送送福利、发发红包或者优惠券等，争取用户存留最大化，挖掘粉丝经济，实现多次营销。

直播引流的技巧可以总结为三点——"内容＋互动＋福利"，内容展现价值，互动增进感情，福利触发交易。

11.1.5 直播互动玩法

抖音没有采用秀场直播平台常用的"榜单 PK"等方式，而是以粉丝点赞作为排行依据，这样可以让普通用户的存在感更强。下面介绍抖音直播的几种互动方式。

(1) 评论互动。用户可以点击"说点什么"来发布评论，此时主播要多关注这些评论内容，选择一些有趣的和实用的评论进行互动，如图 11-15 所示。

(2) 礼物互动。礼物是直播平台最常用的互动形式。抖音的礼物名字都比较特别，不仅体现出浓浓的抖音文化，同时也非常符合当下年轻人的使用习惯和网络流行文化，如"小心心""热气球""为你打 call"等，如图 11-16 所示。

图 11-15 直播间的评论

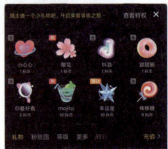

图 11-16 主播礼物

第 11 章　直播引流，打造网红

(3) **点赞互动**。用户可以点击右下角的抖音图标，给喜欢的主播点赞，增加主播人气，如图 11-17 所示。主播的总计收入是以"音浪"的方式呈现的，粉丝给主播的打赏越多，获得的人气越高，收入自然也越高。

(4) **建立粉丝团管理粉丝**。抖音直播的主播一般都会有粉丝团，这些粉丝团的团员可以在主播的直播间享有一定特权，主播可以通过粉丝团与粉丝形成更强的黏性。点击直播页面左上角的主播昵称下方的粉丝团，然后点击"加入 Ta 的粉丝团"按钮，支付 60 抖币，即可加入该主播的粉丝团，同时获得"免费礼物""粉丝铭牌"和"抖音周边"等特权，如图 11-18 所示。

图 11-17　点赞互动

图 11-18　加入主播粉丝团

11.2　其他直播平台引流

运营者引流的目的主要是通过低成本来获得高转化，所有的线上产品都需要转化才能变现，而直播就是一种成本非常低的引流方式。当运营者开始了多平台直播后，比如淘宝直播、头条直播和快手直播等，就可以围绕这些平台，获得更多粉丝的关注。

11.2.1　淘宝直播引流

淘宝直播是一个以直播内容为主的社交电商平台，为明星、模特、红人等类型的淘宝达人提供更快捷的内容变现方式。淘宝直播入口，如图 11-19 所示。

图 11-19　淘宝直播的流量入口和主界面

在淘宝直播平台中，发布较多的基本上都是美妆、潮搭、母婴、美食、旅游类产品，以及相关的内容形式，这些产品都是互联网中比较受欢迎的类型。经营这些品类产品的商家可选择淘宝直播平台，既符合该平台的产品风格，又能借助这一传播量巨大的平台直接销售产品。

对于那些没有开店，只是帮助商家推荐商品的主播而言，也可以从商家处获得佣金收入。

在这种互联网电商模式下，直播视频内容充当了流量入口，为商家或店铺提供推广渠道。这种用互联网思维卖货的内容电商模式，可以更加精准地把握客户需求，流量成本更低、转化率更高，具有更多的变现优势，如图 11-20 所示。

图 11-20　电商变现的影响因素与优势

直播的内容策划非常重要，主播在直播前一定要做好准备，计划好直播的开启时间、长度以及要播出的内容框架。同时，主播要想好如何在直播过程中将商品推荐给消费者，这一步相当重要，直接影响商品的销量。当商家或主播开通淘宝直播权限后，即可在直播过程中添加相关的商品，或者给观众推荐商品。

11.2.2 头条直播引流

1. 直播内容引流

今日头条的直播内容以娱乐、社会类为主，而且"三农"（农村、农业和农民）方面的直播内容非常多，如图11-21所示。"三农"内容是政策鼓励的方向，可以帮助不少农民脱贫致富，因此也会得到今日头条的流量扶持，会给予这种类型的直播内容更多的推荐，主播也更容易获得更多的粉丝。

2. 认证标签引流

从今日头条"直播"频道的信息流中可以看到，那些坐拥几十万粉丝的账号通常都有认证标签，如"优质三农领域创作者""扶贫达人团成员""搞笑领域创作者""三农达人团成员""三农类电商官方账号"等。头条号认证可以提升知名度，会更让人信服，直播的内容也会被优先推荐观看，增加曝光和关注量；认证还可以彰显主播的独特身份，展现专业度，对其所属领域的垂直度有帮助，可以提升粉丝黏性。

头条号认证可以分为职业认证、兴趣认证和企业认证3种类型，都可以为账号带来更多引流和粉丝，如图11-22所示。

图11-21 "三农"直播内容

图11-22 头条号认证

（1）**职业认证**。职业认证的主要作用是体现用户的真实职业，如"雷军"的认证就是"小米公司创始人、董事长兼CEO"。用户只需要将自己的真实工作证明、执业证或者荣誉证书等文件上传到系统，就可以快速完成职业认证。

职业认证通过后，系统还会根据用户知名度给予认证：如普通用户没有额外标识，如图11-23所示；名气比较大的明星、企业家等，系统会给予"V"的标识，如"颜描锦"，他的身份是"环境旅行家、新华社签约摄影师、酒店体验师、优质旅游领域创作者"，系统给予他"黄V"标签，如图11-24所示。

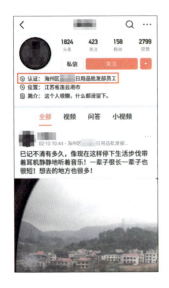

图11-23 没有加"V"的职业认证示例　　图11-24 加"V"的职业认证示例

(2) 兴趣认证。兴趣认证是一种比较新颖的认证方式，也是一种专业领域的身份标识，比较容易获得。运营者只要在今日头条上回答4个某领域的问题，并且这4个答案被系统判定为优质答案，即可获得相关的兴趣认证标签，如"音乐领域优质创作者""情感领域优质创作者""游戏领域创作者""财经领域创作者"等，如图11-25所示。

图11-25 不同领域的兴趣认证标签示例

获得兴趣认证标签后，用户还需要继续创作垂直领域的内容，申请成该领域的优质创作者。优质创作者和兴趣认证的申请条件，如图 11-26 所示。

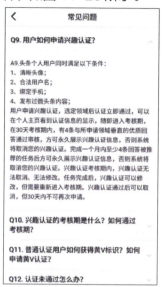

图 11-26　优质创作者和兴趣认证的申请条件

(3) 企业认证。企业认证需要用户在电脑端进行操作，进入头条号主页，登录今日头条账号，单击"开启认证"按钮，支付认证审核服务费，提交认证所需资料，预计 2 个工作日内审核完成。企业认证的主要优势和基本流程，如图 11-27 所示。

图 11-27　企业认证的主要优势和基本流程

如果是企业用户，还需要设置相应的用户名称、认证信息、行业分类、企业营业执照、认证申请公函、其他资质、运营者姓名、运营者手机号码、运营者电子邮箱、发票接收电子邮箱和邀请码等选项，同意并遵守《企业认证协议》，操作完成后单击"提交资料"按钮，等待审核即可，如图 11-28 所示。

图 11-28 企业认证需要的具体信息和资料

图 11-29 为小米公司的头条号,其认证信息为"小米公司官方账号",并且添加了"蓝 V"认证标签。同时,该账号下还打造了一系列账号矩阵,不仅便于各种形式的内容发布(图文、短视频、直播)和子账号管理,还能加速积累粉丝。

图 11-29 小米公司的头条号

11.2.3 快手直播引流

成为一个优秀的短视频运营者,大部分项目都离不开流量,特别是精准流量。因

第 11 章 直播引流，打造网红

此，运营者一定要学会直播引流的方法，运用直播涨粉，通过推荐商品、卖货等方式实现变现。本节主要介绍快手直播引流的常用方法。

1. 直播评论引流

通过直播评论引流，这种方法见效非常快，可以说是立竿见影。打开快手 App，进入"同城"频道，视频封面左上角显示"直播中"标签的表示正在直播，可以点击进去观看，如图 11-30 所示。

图 11-30　快手直播

运营者可以在热门直播下留言，具体方法如图 11-31 所示。如果直播非常热门，就可以隔一段时间重复留言，但是要注意修改部分文字，太多的重复内容会被屏蔽。

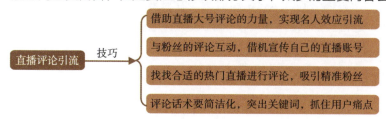

图 11-31　直播评论引流技巧

2. 内容简介引流

内容简介引流法主要是通过直播标题和内容等方式来实现引流，还可以在个人资料和背景墙等区域留下微信号引流。

首先，直播标题要能够先声夺人，直接有效的标题是最能够创造点击量的。在策划直播内容前，应该明确其主题内容，并以此拟定标题，从而使得标题与内容能够紧密相连。例如，直播标题为"学日语啦"，吸引有需求的人点击，并且在直播背景中留下微信来进行引流，同时通过公开课的形式实现变现，如图 11-32 所示。这种简单便捷的引流方式，很容易吸引直播粉丝的关注。

图 11-32 直播"标题＋内容"引流

标题可以是直播内容的浓缩简介，也可以结合时下热点事件和热搜关键词，提升直播话题的热度。

11.3 直播预告增加热度

在正式开始直播之前，运营者可以通过在微博或微信等社交平台，以及知乎等经验交流平台上进行直播预告，提前为直播造势，增加直播的热度。

11.3.1 社交平台

在直播前对直播进行推广和预热是十分必要的，只有这样才能保证有一定的流量。目前众多的社交平台都可以进行直播预告，下面进行相关讲解。

1. 微博

在微博平台，运营者只需要用很短的文字就能反映自己的心情或者发布信息的目的，这样便捷、快速的信息分享方式使得大多数企业、商家和直播平台开始抢占微博营销平台，利用微博"微营销"开启网络营销市场的新天地。

在微博上引流主要有 3 种方式：一是展示位展示相关信息。二是在微博内容中提

第 11 章　直播引流，打造网红

及直播或者相关产品，增强宣传力度和知名度。例如，各大直播平台都开通了自己的微博账号，而主播、明星、名人也可以在自己的微博里分享直播链接，借此吸引更多粉丝。三是利用微博"大 V"进行推广。微博"大 V"是微博社交平台上有着巨大影响力的特殊群体，这就使得其在各种信息的推广方面有着极大的优势，因而成为重要的推广渠道。由于这些推广优势，因此企业、商家在进行推广时都力图利用以实现宣传范围的最大化，视频直播领域的推广也是如此。

2. 微信

微信与微博不同，微博是广布式，而微信是投递式的营销方式，引流效果更加精准。因此，粉丝对微信公众号来说是尤为重要的。

尤其是微信的朋友圈，运营者可以利用朋友圈强大的社交属性为自己的短视频平台账号吸粉引流。因为与陌生人相比，微信好友的转化率较高。例如，我们可以将直播链接分享到朋友圈，朋友只要轻轻一点就可以直接观看直播。

这种推广方法对于刚刚入门的主播更为适用，因为熟人会更愿意帮助推广，逐渐扩大影响力，这样才能吸引新用户的注意，获得更多流量。

11.3.2　知乎

知乎是分享知识和经验交流的平台，运营者可以利用自己的专业知识在该平台进行教育直播、科普直播等，从而传授知识经验。知乎平台具有细化的分类，有助于用户寻找有相同爱好的人，还能在各分类区域进行直播，如图 11-33 所示。

图 11-33　知乎直播

11.4 粉丝运营：打造私域流量

在直播的时候，我们需要利用粉丝效应，打造私域流量。本节将介绍 5 种粉丝运营的方式，帮助运营者获得更多的粉丝。

11.4.1 粉丝汇聚：打造私域流量池

私域流量池具有私密性的特点，用户在这里看到的内容，无法去其他平台找到相同的。因此，它的私密性对于成交是非常有利的。

运营者在打造私域流量池的时候，要注意以下几点。

(1) 私域流量池一定是生态化的，所以它要有价值点。价值点就是用户能从这里得到什么价值，当他们学到想学的内容，就会越来越离不开你，他们会越来越希望能够在这里长久地扎根下去，这样就渐渐形成了生态化的私域流量池。

(2) 要找到产品的核心卖点。不管做哪种产品，我们都需要有产品卖点。比如，用户要学习某个课程，要么是看重课程的专业度，要么是看重课程体系完善。只要你的产品核心卖点能够打动客户，就能实现快速成交，甚至还能直接让客户成为你的私域流量。

(3) 个人的魅力。个人魅力很重要，运营者一定要清楚自己的魅力是什么，并借助魅力实现引流变现。比如，你有某方面的兴趣爱好，这个时候跟你有同样兴趣爱好的人就会被你吸引，成为你的私域流量池中的一员。

(4) 做好团队的管理。团队管理不仅是员工的团队管理，还包括顾客的管理，运营者可以组建顾客的 VIP 社群，也可以做标签管理，从而将私域流量细化分类。

11.4.2 粉丝转化：将用户转化为粉丝

私域流量池更注重的是用户转化，客户可能分散在多个不同的平台上，运营者要做的就是把这些平台上的人都吸引汇聚在一起，然后进行转化和维护。

当运营者通过公域流量进行曝光时，如直播、视频等，就会吸引新的用户点击观看，此时运营者要做的就是将这些新的观看用户转化为粉丝。面对这些用户，作为主播需要主动出击，建立信任感。主播可以从以下角度吸引用户。

(1) 对待事物的看法。你的看法和处事方式具有价值，且属于正向的、积极的、独特的。

(2) 为人的人品。作为一个主播，一定要注重自己的人品，因为很多时候粉丝为你的推荐买单就是相信你的人品。

11.4.3 粉丝沉淀：粉丝的可持续变现

粉丝沉淀就是做好顾客的维护。很多顾客在直播平台上或者是淘宝上购买产品后，下次购买会再次搜索关键词，很少会在同一个商家再次购买。但是运营者如果能够把这些人吸引到自己的私域流量池，那么当产品上新和我们的模式更新时，就可以第一时间把消息传递给他们。这个时候，用户就会很容易二次购买我们的商品。

私域流量池就是运营者自己的流量，利用好它，不需要花费太多的成本就可以实现用户的维护。

顾客的维护主要带来的是二次成交，甚至是后续不断的支持。所以，运营者一定要把顾客维护好，把服务做好。

11.5 警惕直播雷区

随着直播行业的不断深入发展，直播的内容也越来越广泛。但在进行直播时，主播可能会不小心步入一些误区。本节将带领大家一起了解直播存在的误区，帮助大家避免误区和风险。

11.5.1 噱头营销

视频直播不仅仅是风靡一时的营销手段，还是一个能够实实在在为运营者带来盈利的优质平台。不过，很多人将直播当成是一种噱头，在直播中做一些奇怪的造型，说一些引人发笑的话或做一些滑稽的举动，或者在直播中聊一些与自身定位毫无关联的新闻或娱乐事件。这样做虽然可以在短时间内产生一些营销效果，博得观众的眼球，但也要适可而止，否则一味制造噱头，可能会适得其反，引发消费者的反感。

因此，运营者要注意，不能把视频直播片面地看成简单的噱头，而是要注重提高营销转化的效果。特别是对于一些以销售为主要目的的运营者而言，仅仅利用直播打造气势，还不如直接与用户在视频直播平台中进行互动，从而调动用户参与的积极性。比如，某平台联合家具行业的周年庆进行直播，用户不仅可以在微信上直接观看直播，并分享到朋友圈，还可以在直播过程中参与抽奖。这种充满趣味性的互动，大大促进了用户与品牌的互动，从而转化为购买力。

11.5.2 三观不正

在进行直播运营时，传递出来的价值观能体现一个直播平台的优劣与否。曾经某些视频直播平台中的主播传递出错误的价值观，给社会带来了不良的影响。

1. 粗俗

粗俗的原意是指一个人的举止谈吐粗野庸俗，如"满嘴污言秽语，粗俗不堪"。一些主播靠"俗"博得大家的关注，提升了名气，但这种做法却难以得到主流社会的看好，而且存在很大的问题和风险。

直播平台、产品、企业或品牌，都应该努力传递主流价值观，做一个为社会带来正能量的人。例如，主播可以借助互联网，多参与一些社会慈善和公益活动，打造一个助人为乐、传递正能量的形象；在直播中要坚守道德底线，并弘扬社会道德，引导正面舆论，为广大网民树立正确的世界观、人生观和价值观。

2. 拜金

拜金主要是指崇拜金钱。虽然在商业社会中，很多人都是以赚钱为目的，不过唯利是图、不择手段且盲目地追求金钱，这就是一种极端错误的价值观。

运营者在打造自身形象时，切不可盲目崇拜金钱、把金钱价值看作最高价值，必须做到"拒绝拜金，坚守自我"的心态。

3. 物欲

物欲是指一个人对物质享受的强烈欲望，在这种欲望的冲动下，可能会做出很多错误的事情。疯狂追求物欲的人，他们的心灵必定会空虚，而且会经常做出一些荒唐的事情，最终只会让自己变成一个虚有其表、华而不实的人。

因此，运营者在打造直播内容时，应该将物质和精神追求相辅相成，不能一味地追求物欲，要注重精神层次和幸福感。

11.5.3 内容雷同

互联网上的内容平台虽然很多，但其运营模式和内容形式却千篇一律，同质化现象十分严重，这样容易让观众产生审美疲劳。同质化竞争的表现主要体现在内容层次方面，典型特点是同一类型的直播内容重复，而且内容替代性强。

因此，直播平台或企业在做内容营销时，不能一味地模仿和抄袭别人用过的内容，必须学会发散思维，摆脱老套噱头模式。我们可以从生活、学习、工作中寻找发散思维，这样才能制作出有持续吸引力的内容。当然，随着市场的进一步成熟，会出现更多优质的原创内容，这也是市场发展的大势所趋。运营者必须持续地生产内容，这样才可以实现更多渠道的流量变现，也才能让自己的直播事业拥有更强劲的生命力。

第11章 直播引流，打造网红

第 12 章
变现技巧，多多益善

对运营者来说，拍摄出优质的短视频后又该如何进行变现和盈利呢？有哪些方式是可以借鉴和使用的呢？

本章将从广告化的自媒体内容出发，介绍短视频变现的秘诀，帮助大家通过短视频轻松盈利。

第 12 章　变现技巧，多多益善

12.1　广告快速变现

不管是之前的传统媒体还是现在的新媒体，最常见的宣传推广手段基本都是广告。比如，以前经常看到的报纸广告、杂志广告、电视广告，或者是现在的互联网平台广告、短视频自媒体广告，都是一些品牌商和广告主利用平台进行商品推广的方法。

本节就来讲讲比较常用的短视频广告植入的类型有哪些，它们的优势和劣势分别又是什么。

12.1.1　贴片广告

贴片广告是通过展示品牌本身来吸引大众注意的一种比较直观的广告变现方式，一般出现在片头或者片尾，紧贴着视频内容。这种贴片广告一般都是放在广告的末尾，也就是广告快要结束的时候会停留几秒的画面。图 12-1 为 OPPO 手机的贴片广告案例，品牌的 Logo 一目了然。

图 12-1　贴片广告

贴片广告是视频广告中用得最多的一种，它比其他的广告形式更容易受到广告主的青睐，其具体优势如下。

(1) **明确到达**：观众想要观看视频内容，就必须观看贴片广告。
(2) **传递高效**：和电视广告相似度高，贴片广告中的信息更为丰富。
(3) **互动性强**：由于形式生动立体，互动性也更加有力。
(4) **成本较低**：不需要投入过多的经费，播放率也较高。
(5) **可抗干扰**：广告与内容之间不会插播其他无关内容。

12.1.2 植入广告

在短视频中植入广告,即把短视频内容与广告结合起来。植入广告一般有两种形式:一种是硬性植入,不加任何修饰地硬生生地植入视频之中;另一种是创意植入,即将短视频的内容、情节很好地与广告的理念融合在一起,不露痕迹,让观众不容易察觉。相较而言,很多人认为第二种创意植入的方式效果更好,而且接受程度更高。

图 12-2 为抖音 App 发布的宣传广告,抖音 App 的口号是"记录美好生活",这条抖音的宣传广告是围绕抖音记录我们生活中的点点滴滴展开的,广告中宣传的内容都与这个口号有关。

图 12-2 抖音 App 宣传广告

再比如,图 12-3 为快手短视频平台的宣传广告,它的口号是"快手短视频 记录世界 记录你",主要宣传的就是快手 App 可以随时随地、想拍就拍的分享功能,而这个宣传广告的视频内容也是围绕这个平台口号来做的。

图 12-3 快手 App 宣传广告

在短视频领域中,广告植入的方式除了可以从"硬"广和"软"广的角度划分外,还可以分为台词植入、剧情植入、场景植入、道具植入、奖品提供,以及音效植入等植入方式,具体介绍如图 12-4 所示。

第12章 变现技巧，多多益善

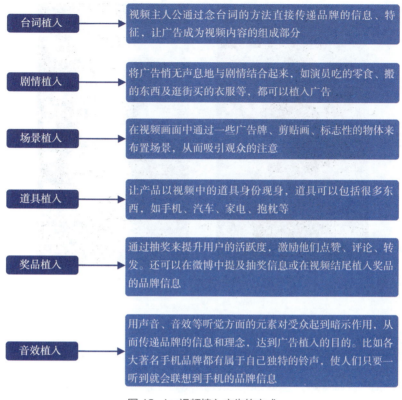

图 12-4 视频植入广告的方式

12.1.3 品牌广告

品牌广告就是以品牌为中心，为品牌和企业量身定做的专属广告。这种广告形式从品牌自身出发，完全是为了表达企业的品牌文化、理念而服务，致力于打造更为自然、生动的广告内容。这样的广告变现更为高效，因此其制作费用相对而言也比较昂贵。

以抖音达人围绕"真皮数码"打造的一则视频广告为例，该广告中的抖音账号名直接使用经营者京东上的店铺名，以此来为自家店铺引流，如图 12-5 所示。

还有一些运营者会在短视频中通过 Vlog 的形式记录为店铺挑选新品的过程，然后参与话题活动"#Vlog 日常""#1111抖音好物发现节"，整个视频广告都围绕"穿搭"展开，自带话题性，吸引用户眼球。当视频展示一段时间后，适当植入引导用户购买的更清晰的链接，短时间内就能收到用户的关注和购买。

用这种方法宣传的品牌广告还有很多，它让用户购买和实现短视频营销变现更加容易。由此可见，品牌广告的变现能力是相当高效的，与其他形式的广告相比针对性更强，受众的指向性也更加明确。

图 12-5 "真皮数码"打造的品牌广告

12.1.4 浮窗Logo

浮窗 Logo 也是一种广告变现形式，即视频在播放的过程中悬挂在视频画面角落里的标识。这种形式的广告在电视节目中经常可以见到，如图 12-6 所示，以某综艺节目为例，右下角是冠益乳品牌的浮窗 Logo。

图 12-6 某综艺的浮窗 Logo

在短视频领域，这种广告形式应用得比较少，可能是因为广告性质过于明显，容易造成观众反感。

浮窗 Logo 是广告变现的一种巧妙形式，同样它也是兼具优缺点的。具体来说，它的优点是展现的时间长,而且不会过多地影响观众的视觉体验;缺点是一般会放在画面的角落等隐蔽的地方,特别容易被用户忽视。总的来说,浮窗 Logo 不失为一种有效的变现方式。自媒体人如果想要通过广告变现获得收益,不妨试试这一利弊兼具的方法。

12.1.5 冠名商广告

冠名商广告,就是在节目内容中提到品牌名称的广告。这种打广告的方式比较直接,相对而言较生硬。它主要的表现形式有 3 种,如图 12-7 所示。

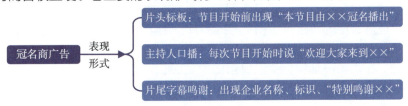

图 12-7 冠名商广告的主要表现形式

在短视频中冠名商广告同样也比较活跃,一方面企业可以通过资深的自媒体人发布的短视频打响品牌、树立形象,吸引更多忠实客户,另一方面短视频平台和自媒体人可以从广告商方面得到赞助。图 12-8 为抖音账号"探苏州"发布的短视频,画面中展示了多个品牌标识。

图 12-8 "探苏州"短视频的冠名商广告

冠名商广告在短视频领域的应用还不是很广泛,原因有两点:一是投入资金比例大,因此在选择投放平台和节目的时候会比较慎重;二是很多有人气、有影响力的短视频自媒体人不愿意将冠名商广告放在片头，而是放在片尾，目的是不影响自己视频的品牌性。

12.1.6 广告合作的主要角色

运营者要想通过短视频广告来赚钱，就必须清楚它的基本组成角色和流程。短视频广告合作中所涉及的角色主要包括广告主、广告代理公司，以及短视频团队。

1. 广告主

广告主也就是品牌、企业或者商家等有推广需求的人或组织，是广告活动的发布者，或者是销售、宣传自己产品和服务的商家，也可能是联盟营销广告的提供者。通俗地说，广告主就是出钱做广告的人。

近年来，在视频移动化、资讯视频化，以及视频社交化的趋势带动下，加速了移动短视频的全面井喷式爆发。短视频广告不仅投入成本比传统广告更低，而且覆盖的人群也更加精准，同时植入产品的成长性更强，可以有效触达品牌受众。因此，为品牌进行定制化的短视频广告，成为广告主采购时的标配。

例如，法国某化妆品品牌在抖音上发起"哇，水被我控住了！"挑战赛，并配合"创意贴纸＋实力达人"演绎神奇的锁水功能，如图 12-9 所示。

图 12-9 法国某品牌的短视频广告

第 12 章　变现技巧，多多益善

通过挑战赛话题的圈层传播，吸引更多用户的参与，并有效将用户转化成消费者。据悉，"哇，水被我控住了！"挑战赛吸引了超过 31 万人参与，上传的短视频多达 34 万条，获得 4.8 亿次的播放量和超过 1330 万次的点赞量。在活动前 3 天的热推期间，该品牌的天猫官方旗舰店销量增长超过 20%。

2. 广告代理公司

广告代理公司扮演了一个非常专业的角色，能够为广告主提供定制化的全流程广告代理服务，同时拥有更多的广告渠道资源和达人资源，能够制作精美的、贴合品牌调性的短视频广告。

很多大型企业和大品牌会选择广告代理公司来合作，不仅仅是因为他们的渠道和资源优势，而且他们的渠道管理能力和视觉包装能力也是小团队不能比的。广告代理公司通常会实行集中化和标准化运作，在整体规划下进行专业化分工，使复杂的短视频广告业务简单化，以提高经营效益。

3. 短视频团队

短视频团队是短视频广告变现最终的"落地者"，他们肩负了策划拍摄、内容制作、后期剪辑等一系列短视频创作工作，对短视频广告的曝光和转化产生直接的影响作用。

对于短视频团队这个角色来说，他们不仅仅只是为广告主拍摄广告视频，而且要本着为粉丝提供优质内容的心态，这样才能吸引粉丝的关注和参与。内容才是短视频的真谛，而这些被内容吸引过来的粉丝，就是短视频团队的财富。短视频团队只有转变传统的广告思维，注重内容，注重用户体验，才能将粉丝的痛点和广告主的宣传需求完美结合起来，打造出高转化的短视频广告作品。

12.2　知识付费变现

知识付费与短视频的关系，是近年来内容创业者比较关注的话题，同时也是短视频变现的一种新思路。怎么让知识付费更加令人信服？如何让拥有较高水平的短视频成功吸引观众？两者结合可能是一种新的突破，既可以让知识的价值得到体现，又可以使短视频成功变现。

从内容上来看，付费的变现形式可以分为两种不同的类型：一种是细分专业咨询费用，比如摄影、运营的技巧和方法；另一种是教学课程收费。本节将专门介绍这两种不同内容形式的变现模式。

12.2.1 专业咨询

如今，知识付费发展得越发火热，这是因为它符合了移动化生产和消费的大趋势，尤其是自媒体领域，知识付费呈现出一片欣欣向荣的景象。付费平台也层出不穷，比如在行、知乎、得到，以及喜马拉雅FM等。

值得思考的是，知识付费有哪些优势，为何这么多用户热衷用金钱购买知识呢？知识付费的优势可总结为3点，如图12-10所示。

图 12-10　知识付费的优势

细分专业的咨询是知识付费比较垂直的领域，针对性较强。国内推出了很多知识付费的问答平台，如图 12-11 所示为知识付费平台"问视"的首页，用户点击 ∨ 扩展图标，即可看到各细分专业。

图 12-11　问视的首页及分类

问视的盈利主要是通过回答问题来完成的。"回答"页面主要分为"单问"和"多答"两个板块，"个人中心"页面有"累计收入"的图标，如图 12-12 所示。

由于短视频本身的时长较短，因此在内容的表达上也会有所限制，进而容易造成付费难的情况。细分专业的咨询或许会比较容易，但还有很多类型的知识付费有待共同的探索和发现。

第 12 章　变现技巧，多多益善

图 12-12　问视的问答与收入模式

此外，短视频运营者还可以利用微信小程序和公众号搭建自己的付费平台。例如，知名视频博主"小片片说大片"就在微信公众号上搭建了知识付费平台，如图 12-13 所示。

图 12-13　微信公众号上的知识付费平台

12.2.2　在线课程

知识付费的变现形式包括教学课程的收费，一是因为线上授课已经有了成功的经验；

二是因为教学课程的内容更加专业，具有精准的指向性和较强的知识属性。很多平台已经形成了较为成熟的视频付费模式，比如沪江网校、网易云课堂、腾讯课堂等。

再比如以直播、视频课程为主要业务的千聊平台，其很多内容都是付费的，如图 12-14 所示。并且为了吸引用户观看，平台还会开展诸多活动，比如打折、优惠等。

图 12-14　千聊的付费课程页面

短视频的时间短，这对于观众接受信息而言是一大优势，但从内容的表达角度来看却是一大劣势，因为时间限制了内容的展示，让付费难以成功实施。如果短视频创作者想要通过知识付费的方式变现，就需要打开脑洞、寻求合作。例如，知名视频博主"薛定饿了么"投放的短视频内容风格就别具一格，主要内容为一系列科普知识，表达方式符合年轻一代的认知思维，如图 12-15 所示。

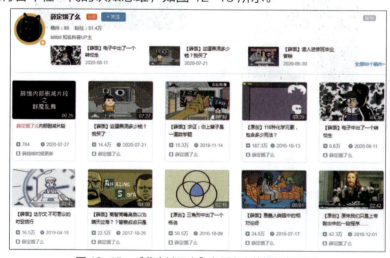

图 12-15　"薛定饿了么"在平台上的短视频展示

12.3 其他获利模式

除了经典的广告和知识付费等短视频变现方式外，还有很多其他的变现方式，有的是从短视频的经典变现方式中衍生出来的，有的则是根据短视频的属性发展起来的。本节将对这些方式进行具体介绍。

12.3.1 企业融资

1. 个人融资

短视频在近几年经历了较为迅速的发展，同时各种自媒体的火热也引发了不少投资者的注意。

相信不少人都听过"papi酱"的名号，她拥有多重身份，比如在内容创作中自称的"一个集美貌与才华于一身的女子"，又比如中戏导演系的研究生，再比如拿下1200万元的投资。融资就由"papi酱"这一热点带入了广大网友的视野，"papi酱"奇迹般地从一个普通学生转变为身价上亿的短视频创作者，而这一切，仅仅用了不到半年的时间。

融资的变现方式对创作者的要求很高，因此可以适用的对象也比较少。但无论如何，融资可以称得上是一种收益大、速度快的变现方式。

2. 平台融资

除了对个人的融资之外，如今的短视频领域还出现了对已经形成一定规模的自媒体平台进行投资。

比如"泽休文化"就成功获得由美图领投、聚桌资本跟投的千万元级A轮融资。"泽休文化"旗下开设了3个栏目，分别是"厨娘物语""白眼初体验""我们养猫吧"。其中"厨娘物语"是极具特色的一档节目，其用户定位比较明确，即满怀少女心的群体，而且运营方面也采用了IP化与品牌化的逻辑思维。

"厨娘物语"不仅通过自身精准的用户定位和鲜明的少女风格吸引了美图的融资，成功达到了短视频变现的目的，而且它还积极与用户展开互动，比如内容、评论的互动，出书与粉丝进行深入交流等。这些互动一方面可以增强粉丝的黏性，提升粉丝的信任度，另一方面可以从侧面实现短视频的变现。

12.3.2　MCN运营变现

MCN(multi-channel network)，即多频道网络，是一种来自国外的成熟网红运作模式，基于资本的大力支持，生产专业化的内容，以保障变现的稳定性。

随着短视频的不断发展，用户对短视频内容的审美标准也有所提升，因此这也要求短视频团队不断增强创作的专业性，单纯的个人创作很难形成有力的竞争优势，因此加入MCN机构是提升短视频内容质量的不二选择。MCN模式一是可以提供丰富的资源；二是能够帮助创作者完成一系列的相关工作，比如管理创作的内容、实现内容的变现、个人品牌的打造等。有了MCN机构的存在，创作者就可以更加专注于内容的精打细磨，而不必分心于内容的运营、变现。

目前短视频创作者与MCN机构都是以签约模式展开合作的。MCN机构在未来的发展趋势主要分为两种，如图12-16所示。

图 12-16　MCN机构的发展趋势

MCN模式的机构化运营对于短视频的变现来说是十分有利的，但同时也要注意机构的发展趋势如果不紧跟潮流，就很有可能无法掌握其有利因素，从而难以实现变现的理想效果。

> **专家提醒**
>
> 一般而言，一个短视频是否能够在人群中传播开来，主要取决于内容质量和运营模式。如果短视频创作者只是打造出了质量上乘的内容，却没有好的渠道和资源支持内容的输出，就很难形成大范围的传播，达到理想的营销效果。

12.3.3　出版图书变现

图书出版，主要是指短视频运营者在某一领域或行业经过一段时间的经营，拥有了一定的影响力或有一定经验后，将自己的经验进行总结，然后以图书的形式面世获得收益的盈利模式。

第 12 章　变现技巧，多多益善

短视频原创作者采用出版图书这种方式去获得盈利，只要短视频运营者本身有基础与实力，那么收益还是很乐观的。例如，抖音号"航拍摄影旅行家 Shawn Wang"的运营者王肖一便是采取这种方式获得盈利的。王肖一通过短视频的发布，积累了 270 多万粉丝。如图 12-17 所示，为"航拍摄影旅行家 Shawn Wang"的抖音个人主页。

图 12-17　"航拍摄影旅行家 Shawn Wang"的抖音个人主页

因为多年从事摄影工作，王肖一结合个人实践编写了《无人机摄影与摄像技巧大全》一书。该书出版之后，许多他的抖音粉丝纷纷购买，销量很快就破万了。这本书之所以如此受欢迎，除了内容对读者有吸引力之外，与王肖一这一个人品牌有着密不可分的联系，部分抖音用户就是冲着他的知名度来购买图书的。

另外，如果你的图书作品销售火爆，拥有了较大的影响力，还可以通过售卖版权来变现。例如，小说等类别的图书版权可以用来拍电影、拍电视剧或者网络剧等，这种收入也是相当可观的。

▶ 12.3.4　利用平台规则变现

1. 平台补贴

对于短视频创作者而言，资金是吸引他们的最好手段，平台补贴则是诱惑力的源泉。作为魅力无限的短视频变现方式，平台补贴自然是受到了不少内容生产者的注意，同时平台的补贴策略也成为大家的重点关注对象。

自从 2016 年 4 月各大互联网巨头进军短视频领域以来，各大平台便陆续推出了不同的补贴策略。图 12-18 为一些推出了短视频补贴策略的平台。

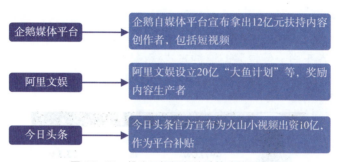

图 12-18 推出了短视频补贴策略的平台

平台补贴既是平台吸引内容生产者的一种手段,同时也是内容生产者盈利的有效渠道,其具体意义如图 12-19 所示。

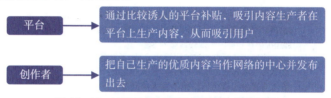

图 12-19 平台补贴对于平台和创作者的意义

短视频平台的补贴主要分为两种形式:一是根据内容生产者贡献的流量,按照每月结算的形式直接发放现金;二是提供站内流量的金额,内容生产者可以借此推广自己的内容,用巧妙的途径发放费用。在这样的平台补贴策略的保护下,部分短视频创作者能够满足变现的基本需求。如果内容足够优质,而且细分得比较到位,那么可能变现的效果会更显著,获取更为惊人的补贴。

以"小伶玩具官方"为例,一开始它的定位就很明确,即"演示全世界不同类型玩具的玩法",这种定位属于垂直细分的短视频类型。在抖音 App 上,截至 2020 年 9 月,其已经获得了 1200 多万的粉丝关注和 8200 多万的点赞量。图 12-20 为"小伶玩具官方"的短视频。

小伶玩具的主要创作人员表示,他们的变现主要是依靠平台补贴和流量

图 12-20 "小伶玩具官方"的短视频

分成，也就是说大部分的盈利都来自这两个渠道。

那么，在借助平台补贴进行变现时，内容创作者应该注意哪些问题呢？笔者认为有两点：一是运营者不能把平台补贴作为主要的赚钱手段，因为它本质上只起到基础的保障作用；二是运营者跟上平台补贴的脚步，因为每个平台的补贴都是在变化的，因此顺时而动是最好的。

2. 平台分成

参与平台任务获取流量分成，这是短视频较为常用的变现方式之一。平台分成包括很多种，导流到淘宝或者京东卖掉的产品佣金也可以进行分成。它是很多视频网站、短视频平台都适用的变现模式，也是比较传统的变现模式。以某短视频平台的分成模式为例，如图 12-21 所示。

分成规则　查看详细>>

分成方法：收益=单价*视频个数+播放量分成。

上传规则：每日上传视频上限为100个（日后根据运营情况可能做调整，另行通知）。

分成价格：单价=0.1元/1个（审核通过并发布成功）；播放量分成:1000个有效播放量=1元（2013年12月26日-2014年1月26日年终活动期间1000个有效播放量=2元）。

分成说明：单价收益只计算当月发布成功的视频；所有有效的历史视频产生的新的播放量都会给用户带来新的播放量分成。

分成发放最低额度：100元。

分成周期：1个自然月，每月5日0点前需申请提现，20日前结算，未提现的用户视为本月不提现，暴风影音不予以打款，收益自动累积到下月。

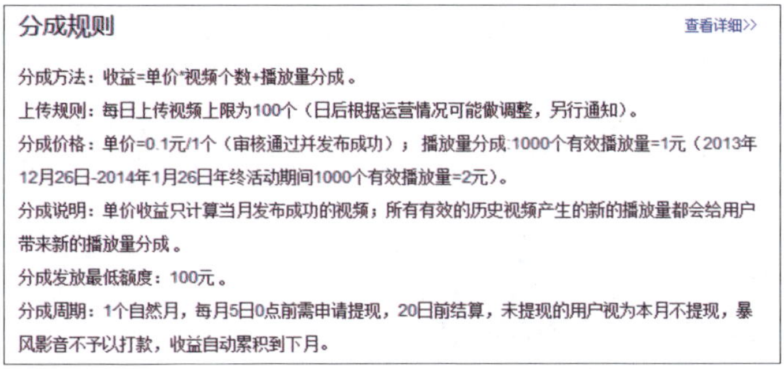

图 12-21　某短视频平台的分成模式

在该短视频平台中，盈利的过程很简单，运营者只需要 3 步就可以轻松得到分成，如图 12-22 所示。

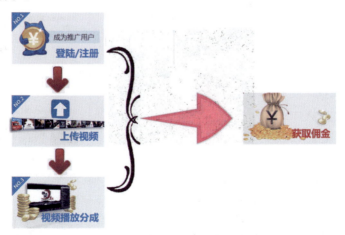

图 12-22　短视频平台的盈利过程

> **专家提醒**
>
> 平台分成实际上远远无法囊括创作短视频的成本,并且平台和内容创作者是相辅相成、互相帮助的,只有相互扶持才能取得更多盈利。这种变现方式要合理运用,不能一味依赖。

12.4 电商变现

"电商+短视频"属于细分垂直内容,同时也是短视频变现的有效方式。很多短视频平台与电商达成合作,为电商引流,而且还能从短视频平台拓展电商业务,这些都是"短视频+电商"的成果。那么,这样的变现方式到底是怎么运作的呢?本节将专门从"短视频+电商"的角度,详细介绍短视频的这一垂直细分领域的变现秘诀。

12.4.1 自营电商

电商与短视频的结合有利于吸引庞大的流量,一方面短视频适合碎片化的信息接受方式;另一方面短视频展示的商品更加直观动感,更有说服力。如果短视频内容能与商品很好地融合,无论是商品卖家,还是自媒体人,都能获得较多的人气和支持。

著名的自媒体平台"一条"是从短视频起家的,后面它走上了"电商+短视频"的变现道路,盈利颇丰。图12-23为"一条"微信公众号推送的内容,不仅有短视频,还有关于自营商品的巧妙推荐。

图12-23 "一条"微信公众号推送的内容

第12章 变现技巧，多多益善

> **专家提醒** ⓘ
>
> 短视频推送一般都是把内容与品牌信息结合在一起，是软性的广告植入，不会太生硬，而且能够有效地传递品牌理念，增强用户的信任感和依赖感，这也是短视频变现的一种有效方式。

"一条"不仅把商品信息嵌入短视频内容之中，还设置了"生活馆"板块，专门售卖自己经营的商品。图12-24为"一条"自营商品入口及主界面。

图12-24 "一条"自营商品入口及主界面

再比如京东商城，中国最大的自营式企业，其在线购物App也推出了短视频的内容，如图12-25所示。在"发现"页面有一个"视频"专栏，通常推送时长为5分钟以内的短视频内容，而且都是围绕京东的自营商品打造的。

这种形式为京东商城增添了更多的魅力和特色，用户可以通过更为直观的方式接触自己想要购买的商品，从而产生购买欲望，大大促进了短视频的变现。

图12-25 京东的自营商品短视频

12.4.2 第三方店铺

短视频的电商变现形式除了自营电商可以使用，第三方店铺也是适用的，比如典型的淘宝卖家，很多都是通过发布短视频的形式来赢得用户的注意和信任，从而促进销量的上涨。

淘宝上的短视频展示有几种不同的形式，经营者可分别利用其优势吸引眼球，成功变现。

1. 店铺首页短视频

图 12-26 为某淘宝店铺的首页短视频展示。在播放短视频的过程中，会不时地跳出商品的链接，感兴趣的话可以直接点击进入购买页面。另外，商品链接会随着视频的进度而不断变化，如图 12-27 所示。这是与短视频的内容相辅相成的，形成"边看边买"的营销模式。

图 12-26　淘宝店铺首页短视频

图 12-27　商品链接随着视频的进度变化

2. 微淘动态短视频

在淘宝的微淘动态里用短视频的方式展示商品，比如上新、打折和做活动等。图 12-28 为某店铺发布的微淘动态。用户不仅可以直接观看商品的细节，还可以点击"查看更多"按钮进入相应页面，在下方进行点赞、评论和分享，扩大店铺影响力。

此外，用户还可以通过微淘动态的短视频直接观看商品，点击短视频页面的"查看详情"按钮，查看商品的具体信息，比如颜色、尺码等更多细节。

第 12 章　变现技巧，多多益善

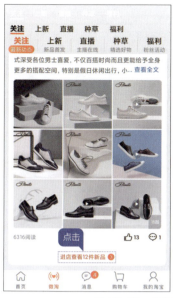
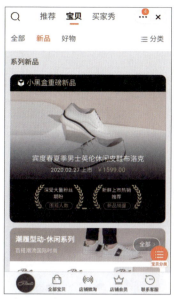

图 12-28　微淘动态里的短视频展示

3. "猜你喜欢" 短视频

淘宝主页的"猜你喜欢"版块会推荐短视频，如图 12-29 所示。点击进入相应页面，可通过短视频直观地观察和了解商品。

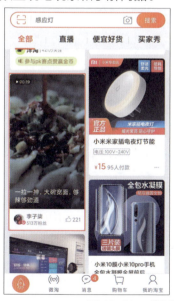

图 12-29　"猜你喜欢"的短视频展示